“たのしくてわかりやすい”

授業を体験してみませんか

「わかる」だけでなく「できた!」を増やす学び

個性を生かし伸ばす一人ひとりが輝ける学び

くま教育センターは大きな花を咲かせます

学力だけでなく生きていく力を磨く学び

自分と他者を認め強く優しい心を育む学び

子育ての楽しさを伝え親子ともに育つ学び

がまん
げんき
やくそく

「がまん」をすれば、強い心が育ちます。
「げんき」な笑顔は、自分もまわりの人も幸せにします。
「やくそく」を守る人は、信頼され、大きな自信が宿ります。
くま教育センターで、自ら考え行動できる力を身につけ、
将来への限りない夢を見つけましょう。

久保田式赤ちゃんクラス(0歳からの脳力トレーニング)	5歳・6歳 算数国語クラス
リトルベアクラス(1歳半からの設定保育)	4歳・5歳・6歳 受験クラス
2歳・3歳・4歳クラス	小学部(1年生〜6年生)

家庭学習をトータルサポート！ニチガクのオリジナル 効果的 学習法

1 まずは アドバイスページを読む！

ピンク色です

対策や試験ポイントがぎっしりつまった「家庭学習ガイド」。分析内容やレーダーチャート、分野アイコンで、試験の傾向をおさえよう！

2 問題を全て読み、出題傾向を把握する

3 「学習のポイント」で学校側の観点や問題の解説を熟読

4 初めて過去問題にチャレンジ！

5 プラスα 対策問題集や類題で力を付ける

過去問のこだわり

各問題に求められる「力」

分野だけでなく、各問題の求められる「力」をアイコンで表記！アドバイスページの分析レーダーチャートで力のバランスも把握できる！

各問題のジャンル

問題1 分野：数量（計数） 集中 観察

〈準備〉 クレヨン

〈問題〉 ①虫がたくさんいます。それぞれの虫は何匹いますか。下のそれぞれの絵の右側に、その数だけ緑色のクレヨンで○を書いてください。
②果物が並んでいます。それぞれの果物はいくつありますか。下のそれぞれの絵の右側に、その数だけ赤色のクレヨンで○を書いてください。

〈時間〉 1分

〈解答〉 ①アメンボ…5、カブトムシ…8、カマキリ…11、コオロギ…9
②ブドウ…6、イチゴ…10、バナナ…8、リンゴ…5

出題年度

［2018年度出題］

学習のポイント

①は男子、②は女子で出題されました。1次試験のペーパーテストは、全体的にオーソドックスな内容で、特別に難易度が高い問題ではありません。しかし、解答時間が短く、解き終わらない受験者も多かったようです。本問のような計数問題では、特に根気よく、数え落としがないように進めなければなりません。そのためにも、例えば、左上の虫から右に見ていく、もしくは縦に見ていく、というように、ルールを決めて数えていくこと、また、○や×、△などの印を虫ごとに付けていくことで、数え落としのミスを減らせます。時間は短いため焦りがつきものですが、落ち着いて取り組めるよう、少しずつ練習していきましょう。

【おすすめ問題集】
Ｊr・ウォッチャー14「数える」、37「選んで数える」

学習のポイント

各問題の解説や学校の観点、指導のポイントなどを教えます。
今日から家庭学習の先生に！

おすすめ対策問題集

分野ごとに対策問題集をご紹介。苦手分野の克服に最適です！
＊専用注文書付き。

はつしば学園小学校　合格問題集

発行日　2020年6月10日
発行所　〒162-0821　東京都新宿区津久戸町 3-11-9F
日本学習図書株式会社
電　話　03-5261-8951 ㈹

『読み聞かせ』×『質問』＝『聞く力』

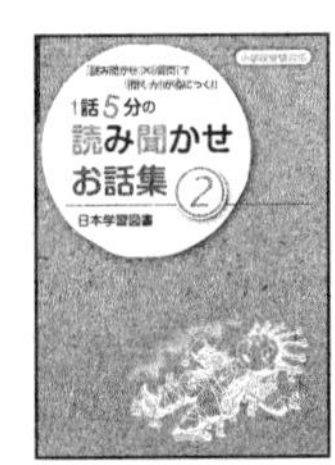

1話5分の 読み聞かせお話集①②

「アラビアン・ナイト」「アンデルセン童話」「イソップ寓話」「グリム童話」、日本や各国の民話、昔話、偉人伝の中から、教育的な物語や、過去に小学校入試でも出題された有名なお話を中心に掲載。お話ごとに、内容に関連したお子さまへの質問も掲載しています。「読み聞かせ」を通して、お子さまの『聞く力』を伸ばすことを目指します。　①巻・②巻　各48話

1話7分の読み聞かせお話集 入試実践編①

最長1,700文字の長文のお話を掲載。有名でない＝「聞いたことのない」お話を聞くことで、『集中力』のアップを目指します。設問も、実際の試験を意識した設問としています。ペーパーテスト実施校の多くが「お話の記憶」の問題を出題します。毎日の「読み聞かせ」と「試験に出る質問」で、「解答のポイント」をつかんで臨みましょう！　50話収録

ニチガクの この5冊で受験準備も万全！

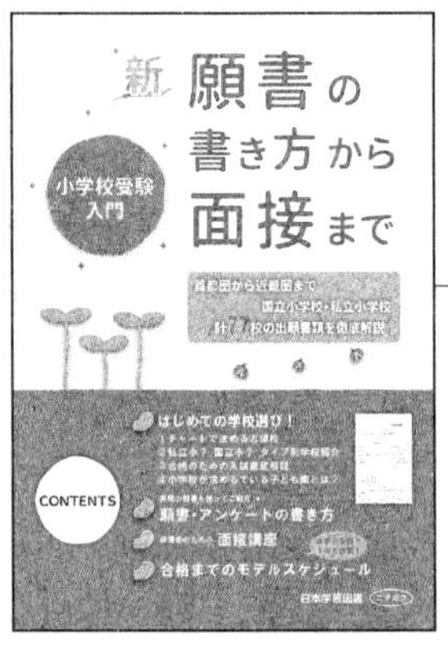

小学校受験入門 願書の書き方から面接まで リニューアル版

主要私立・国立小学校の願書・面接内容を中心に、学校選びや入試の分野傾向、服装コーディネート、持ち物リストなども網羅し、受験準備全体をサポートします。

小学校受験で 知っておくべき 125のこと

小学校受験の基本から怪しい「ウワサ」まで、保護者の方々からの 125 の質問にていねいに解答。目からウロコのお受験本。

新　小学校受験の 入試面接Q＆A リニューアル版

過去十数年に遡り、面接での質問内容を網羅。小学校別、父親・母親・志願者別、さらに学校のこと・志望動機・お子さまについてなど分野ごとに模範解答例やアドバイスを掲載。

新　願書・アンケート 文例集500 リニューアル版

有名私立小、難関国立小の願書やアンケートに記入するための適切な文例を、質問の項目別に収録。合格を掴むためのヒントが満載！願書を書く前に、ぜひ一度お読みください。

小学校受験に関する 保護者の悩みQ＆A

保護者の方約 1,000 人に、学習・生活・躾に関する悩みや問題を取材。その中から厳選した 200 例以上の悩みに、「ふだんの生活」と「入試直前」のアドバイス２本立てで悩みを解決。

日本学習図書株式会社

◆◆ニチガクのおすすめ問題集◆◆

より充実した家庭学習を目指し、ニチガクではさまざまな問題集をとりそろえております!!

サクセスウォッチャーズ（全18巻）

①～⑱
本体各￥2,200＋税

全9分野を「基礎必修編」「実力アップ編」の2巻でカバーした、合計18冊。

各巻80問と豊富な問題数に加え、他の問題集では掲載していない詳しいアドバイスが、お子さまを指導する際に役立ちます。

各ページが、すぐに使えるミシン目付き。本番を意識したドリルワークが可能です。

ジュニアウォッチャー（既刊60巻）

①～⑥⓪（以下続刊）
本体各￥1,500＋税

入試出題頻度の高い9分野を、さらに60の項目にまで細分化。基礎学習に最適のシリーズ。

苦手分野におけるつまずきを、効率よく克服するための60冊です。

ポイントが絞られているため、無駄なく高い効果を得られます。

国立・私立NEWウォッチャーズ

言語／理科／図形／記憶
常識／数量／推理
本体各￥2,000＋税

シリーズ累計発行部数40万部以上を誇る大ベストセラー「ウォッチャーズシリーズ」の趣旨を引き継ぐ新シリーズ!!

実際に出題された過去問の「類題」を32問掲載。全問に「解答のポイント」付きだから家庭学習に最適です。「ミシン目」付き切り離し可能なプリント学習タイプ！

実践 ゆびさきトレーニング①・②・③

本体各￥2,500＋税

制作問題に特化した一冊。有名校が実際に出題した類似問題を35問掲載。

様々な道具の扱い（はさみ・のり・セロハンテープの使い方）から、手先・指先の訓練（ちぎる・貼る・塗る・切る・結ぶ）、また、表現することの楽しさも経験できる問題集です。

お話の記憶・読み聞かせ

［お話の記憶問題集］
中級／上級編
本体各￥2,000＋税

初級／過去類似編／ベスト30
本体各￥2,600＋税

1話5分の読み聞かせお話集①・②、入試実践編①
本体各￥1,800＋税

あらゆる学習に不可欠な、語彙力・集中力・記憶力・理解力・想像力を養うと言われているのが「お話の記憶」分野の問題。問題集は全問アドバイス付き。

分野別 苦手克服シリーズ（全6巻）

図形／数量／言語／
常識／記憶／推理
本体各￥2,000＋税

数量・図形・言語・常識・記憶の6分野。アンケートに基づいて、多くのお子さまがつまづきやすい苦手問題を、それぞれ40問掲載しました。

全問アドバイス付きですので、ご家庭において、そのつまづきを解消するためのプロセスも理解できます。

運動テスト・ノンペーパーテスト問題集

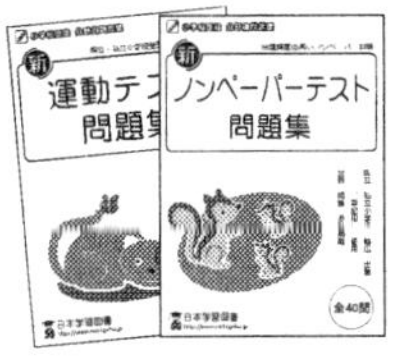

新 運動テスト問題集
本体￥2,200＋税

新 ノンペーパーテスト問題集
本体￥2,600＋税

ノンペーパーテストは国立・私立小学校で幅広く出題される、筆記用具を使用しない分野の問題を全40問掲載。

運動テスト問題集は運動分野に特化した問題集です。指示の理解や、ルールを守る訓練など、ポイントを押さえた学習に最適。全35問掲載。

口頭試問・面接テスト問題集

新 口頭試問・個別テスト問題集
本体￥2,500＋税

面接テスト問題集
本体￥2,000＋税

口頭試問は、主に個別テストとして口頭で出題解答を行うテスト形式。面接は、主に「考え」やふだんの「あり方」をたずねられるものです。

口頭で答える点は同じですが、内容は大きく異なります。想定する質問内容や答え方の幅を広げるために、どちらも手にとっていただきたい問題集です。

小学校受験 厳選難問集 ①・②

本体各￥2,600＋税

実際に出題された入試問題の中から、難易度の高い問題をピックアップし、アレンジした問題集。応用問題への挑戦は、基礎の理解度を測るだけでなく、お子さまの達成感・知的好奇心を触発します。

①は数量・図形・推理・言語、②は位置・常識・比較・記憶分野の難問を掲載。それぞれ40問。

国立小学校 対策問題集

国立小学校入試問題A・B・C（全3巻） 本体各￥3,282＋税

新 国立小学校直前集中講座
本体￥3,000＋税

国立小学校頻出の問題を厳選。細かな指導方法やアドバイスが掲載してあり、効率的な学習が進められます。「総集編」は難易度別にA～Cの3冊。付録のレーダーチャートにより得意・不得意を認識でき、国立小学校受験対策に最適です。入試直前の対策には「新 直前集中講座」！

おうちでチャレンジ ①・②

本体各￥1,800＋税

関西最大級の模擬試験である小学校受験標準テストのペーパー問題を編集した実力養成に最適な問題集。延べ受験者数10,000人以上のデータを分析しお子さまの習熟度・到達度を一目で判別。

保護者必読の特別アドバイス収録！

Q&Aシリーズ

『小学校受験で知っておくべき125のこと』
『小学校受験に関する 保護者の悩みQ&A』
『新 小学校受験の入試面接Q&A』
『新 小学校受験 願書・アンケート文例集500』
本体各￥2,600＋税
『小学校受験のための
願書の書き方から面接まで』
本体￥2,500＋税

「知りたい！」「聞きたい！」「こんな時どうすれば…？」そんな疑問や悩みにお答えする、オススメの人気シリーズです。

書籍についてのご注文・お問い合わせ
☎ 03-5261-8951
http://www.nichigaku.jp
※ご注文方法、書籍についての詳細は、Webサイトをご覧ください。
日本学習図書 検索

分野別 小学入試練習帳 ジュニアウォッチャー

1．点・線図形	小学校入試で出題頻度の高い『点・線図形』の模写を、難易度の低いものから段階別に幅広く練習することができるように構成。
2．座標	図形の位置模写という作業を、難易度の低いものから段階別に練習できるように構成。
3．パズル	様々なパズルの問題を難易度の低いものから段階別に練習できるように構成。
4．同図形探し	小学校入試で出題頻度の高い、同図形選びの問題を繰り返し練習できるように構成。
5．回転・展開	図形などを回転、または展開したとき、形がどのように変化するかを学習し、理解を深められるように構成。
6．系列	数、図形などの様々な系列問題を、難易度の低いものから段階別に練習できるように構成。
7．迷路	迷路の問題を繰り返し練習できるように構成。
8．対称	対称に関する問題を４つのテーマに分類し、各テーマごとに問題を段階別に練習できるように構成。
9．合成	図形の合成に関する問題を、難易度の低いものから段階別に練習できるように構成。
10．四方からの観察	もの（立体）を様々な角度から見て、どのように見えるかを推理する問題を段階別に整理し、１つの形式で複数の問題を練習できるように構成。
11．いろいろな仲間	ものや動物、植物の共通点を見つけ、分類していく問題を中心に構成。
12．日常生活	日常生活における様々な問題を６つのテーマに分類し、各テーマごとに一つの問題形式で複数の問題を練習できるように構成。
13．時間の流れ	『時間』に着目し、様々なものごとは、時間が経過するとどのように変化するのかということを学習し、理解できるように構成。
14．数える	様々なものを『数える』ことから、数の多少の判定やかけ算、わり算の基礎までを練習できるように構成。
15．比較	比較に関する問題を５つのテーマ（数、高さ、長さ、量、重さ）に分類し、各テーマごとに問題を段階別に練習できるように構成。
16．積み木	数える対象を積み木に限定した問題集。
17．言葉の音遊び	言葉の音に関する問題を５つのテーマに分類し、各テーマごとに問題を段階別に練習できるように構成。
18．いろいろな言葉	表現力をより豊かにするいろいろな言葉として、擬態語や擬声語、同音異義語、反意語、数詞を取り上げた問題集。
19．お話の記憶	お話を聴いてその内容を記憶、理解し、設問に答える形式の問題集。
20．見る記憶・聴く記憶	「見て憶える」「聴いて憶える」という『記憶』分野に特化した問題集。
21．お話作り	いくつかの絵を元にしてお話を作る練習をして、想像力を養うことができるように構成。
22．想像画	描かれてある形や景色に好きな絵を描くことにより、想像力を養うことができるように構成。
23．切る・貼る・塗る	小学校入試で出題頻度の高い、はさみやのりなどを用いた巧緻性の問題を繰り返し練習できるように構成。
24・絵画	小学校入試で出題頻度の高い、お絵かきやぬり絵などクレヨンやクーピーペンを用いた巧緻性の問題を繰り返し練習できるように構成。
25．生活巧緻性	小学校入試で出題頻度の高い日常生活の様々な場面における巧緻性の問題集。
26．文字・数字	ひらがなの清音、濁音、拗音、拗長音、促音と１～20までの数字に焦点を絞り、練習できるように構成。
27．理科	小学校入試で出題頻度が高くなりつつある理科の問題を集めた問題集。
28．運動	出題頻度の高い運動問題を種目別に分けて構成。
29．行動観察	項目ごとに問題提起をし、「このような時はどうか、あるいはどう対処するのか」の観点から問いかける形式の問題集。
30．生活習慣	学校から家庭に提起された問題と思って、一問一問絵を見ながら話し合い、考える形式の問題集。
31．推理思考	数、量、言語、常識（含理科、一般）など、諸々のジャンルから問題を構成し、近年の小学校入試問題傾向に沿って構成。
32．ブラックボックス	箱や筒の中を通ると、どのようなお約束でどのように変化するかを推理・思考する問題集。
33．シーソー	重さの違うものをシーソーに乗せた時どちらに傾くのか、またどうすればシーソーは釣り合うのかを思考する基礎的な問題集。
34．季節	様々な行事や植物などを季節別に分類できるように知識をつける問題集。
35．重ね図形	小学校入試で頻繁に出題されている「図形を重ね合わせてできる形」についての問題を集めました。
36．同数発見	様々な物を数え「同じ数」を発見し、数の多少の判断や数の認識の基礎を学べるように構成した問題集。
37．選んで数える	数の学習の基本となる、いろいろなものの数を正しく数える学習を行う問題集。
38．たし算・ひき算１	数字を使わず、たし算とひき算の基礎を身につけるための問題集。
39．たし算・ひき算２	数字を使わず、たし算とひき算の基礎を身につけるための問題集。
40．数を分ける	数を等しく分ける問題です。等しく分けたときに余りが出るものもあります。
41．数の構成	ある数がどのような数で構成されているか学んでいきます。
42．一対多の対応	一対一の対応から、一対多の対応まで、かけ算の考え方の基礎学習を行います。
43．数のやりとり	あげたり、もらったり、数の変化をしっかりと学びます。
44．見えない数	指定された条件から数を導き出します。
45．図形分割	図形の分割に関する問題集。パズルや合成の分野にも通じる様々な問題を集めました。
46．回転図形	「回転図形」に関する問題集。やさしい問題から始め、いくつかの代表的なパターンから、段階を踏んで学習できるよう編集されています。
47．座標の移動	「マス目の指示通りに移動する問題」と「指示された数だけ移動する問題」を収録。
48．鏡図形	鏡で左右反転させた時の見え方を考えます。平面図形から立体図形、文字、絵まで。
49．しりとり	すべての学習の基礎となる「言葉」を学ぶこと、特に「語彙」を増やすことに重点をおき、さまざまなタイプの「しりとり」問題を集めました。
50．観覧車	観覧車やメリーゴーラウンドなどを舞台にした「回転系列」の問題集。「推理思考」分野の問題ですが、要素として「図形」や「数量」も含みます。
51．運筆①	鉛筆の持ち方を学び、点線なぞり、お手本を見ながらの模写で、線を引く練習をします。
52．運筆②	運筆①からさらに発展し、「欠所補完」や「迷路」などを楽しみながら、より複雑な鉛筆運びを習得することを目指します。
53．四方からの観察 積み木編	積み木を使用した「四方からの観察」に関する問題を練習できるように構成。
54．図形の構成	見本の図形がどのような部分によって形づくられているかを考えます。
55．理科②	理科的知識に関する問題を集中して練習する「常識」分野の問題集。
56．マナーとルール	道路や駅、公共の場でのマナー、安全や衛生に関する常識を学べるように構成。
57．置き換え	さまざまな具体的・抽象的事象を記号で表す「置き換え」の問題を扱います。
58．比較②	長さ・高さ・体積・数などを数学的な知識を使わず、論理的に推測する「比較」の問題を練習できるように構成。
59．欠所補完	線と線のつながり、欠けた絵に当てはまるものなどを求める「欠所補完」に取り組める問題集です。
60．言葉の音（おん）	しりとり、決まった順番の音をつなげるなど、「言葉の音」に関する問題に取り組める練習問題集です。

図書カード 1000 円分プレゼント

ご記入日 令和　年　月　日

☆国・私立小学校受験アンケート☆

※可能な範囲でご記入下さい。選択肢は○で囲んで下さい。

〈小学校名〉＿＿＿＿＿＿＿＿　〈お子さまの性別〉男・女　〈誕生月〉＿＿月

〈その他の受験校〉（複数回答可）＿＿＿＿＿＿＿＿

〈受験日〉①：＿月＿日〈時間〉＿時＿分　～　時＿分

②：＿月＿日〈時間〉＿時＿分　～　時＿分

〈受験者数〉男女計＿＿名（男子＿＿名　女子＿＿名）

〈お子さまの服装〉＿＿＿＿＿＿＿＿

〈入試全体の流れ〉（記入例）準備体操→行動観察→ペーパーテスト

＿＿＿＿＿＿＿＿

Eメールによる情報提供

日本学習図書では、Eメールでも入試情報を募集しております。

下記のアドレスに、アンケートの内容をご入力の上、メールをお送り下さい。

ojuken@nichigaku.jp

●行動観察（例）好きなおもちゃで遊ぶ・グループで協力するゲームなど

〈実施日〉＿月＿日〈時間〉＿時＿分　～　時＿分〈着替え〉□有 □無

〈出題方法〉□肉声 □録音 □その他（　　　　）〈お手本〉□有 □無

〈試験形態〉□個別 □集団（　　人程度）　〈会場図〉

〈内容〉

□自由遊び

＿＿＿＿＿＿＿＿

□グループ活動

＿＿＿＿＿＿＿＿

□その他

＿＿＿＿＿＿＿＿

●運動テスト（有・無）（例）跳び箱・チームでの競争など

〈実施日〉＿月＿日〈時間〉＿時＿分　～　時＿分〈着替え〉□有 □無

〈出題方法〉□肉声 □録音 □その他（　　　　）〈お手本〉□有 □無

〈試験形態〉□個別 □集団（　　人程度）　〈会場図〉

〈内容〉

□サーキット運動

□走り □跳び箱 □平均台 □ゴム跳び

□マット運動 □ボール運動 □なわ跳び

□クマ歩き

□グループ活動＿＿＿＿＿＿＿＿

□その他＿＿＿＿＿＿＿＿

●知能テスト・口頭試問

〈実施日〉＿＿月＿＿日 〈時間〉＿＿時＿＿分 〜 ＿＿時＿＿分 〈お手本〉□有 □無

〈出題方法〉 □肉声 □録音 □その他（　　　　　　） 〈問題数〉 ＿＿枚 ＿＿問

分野	方法	内　容	詳　細・イ　ラ　ス　ト
（例） お話の記憶	☑筆記 □口頭	動物たちが待ち合わせをする話	（あらすじ） 動物たちが待ち合わせをした。最初にウサギさんが来た。次にイヌくんが、その次にネコさんが来た。最後にタヌキくんが来た。 （問題・イラスト） ３番目に来た動物は誰か
お話の記憶	□筆記 □口頭		（あらすじ） （問題・イラスト）
図形	□筆記 □口頭		
言語	□筆記 □口頭		
常識	□筆記 □口頭		
数量	□筆記 □口頭		
推理	□筆記 □口頭		
その他	□筆記 □口頭		

●制作 （例）ぬり絵・お絵かき・工作遊びなど

〈実施日〉　　月　　日 〈時間〉　　時　　分　～　　時　　分

〈出題方法〉 □肉声 □録音 □その他（　　　　　） 〈お手本〉 □有 □無

〈試験形態〉 □個別 □集団（　　　人程度）

材料・道具	制作内容
□ハサミ □のり（□つぼ □液体 □スティック） □セロハンテープ □鉛筆 □クレヨン（　色） □クーピーペン（　色） □サインペン（　色）□ □画用紙（□ A4 □ B4 □ A3 □その他：　　　　） □折り紙 □新聞紙 □粘土 □その他（　　　　　）	□切る □貼る □塗る □ちぎる □結ぶ □描く □その他（　　　　） タイトル：＿＿＿＿＿＿＿＿

●面接

〈実施日〉　　月　　日 〈時間〉　　時　　分　～　　時　　分 〈面接担当者〉　　　名

〈試験形態〉 □志願者のみ（　　）名 □保護者のみ □親子同時 □親子別々

〈質問内容〉

※試験会場の様子をご記入下さい。

□志望動機　□お子さまの様子

□家庭の教育方針

□志望校についての知識・理解

□その他（　　　　　　　　　）

（　詳　細　）

・

・

・

・

例
校長先生　教頭先生
㊫　㋙　㊊
出入口

●保護者作文・アンケートの提出（有・無）

〈提出日〉 □面接直前 □出願時 □志願者考査中 □その他（　　　　　　　）

〈下書き〉 □有 □無

〈アンケート内容〉

（記入例）当校を志望した理由はなんですか（150 字）

●**説明会**（□有　□無）〈開催日〉＿＿月＿＿日〈時間〉＿＿時＿＿分＿＿～＿＿時＿＿分

〈上履き〉　□要　□不要　〈願書配布〉　□有　□無　〈校舎見学〉　□有　□無

〈ご感想〉

●**参加された学校行事**（複数回答可）

公開授業〈開催日〉＿＿月＿＿日〈時間〉＿＿時＿＿分＿＿～＿＿時＿＿分

運動会など〈開催日〉＿＿月＿＿日〈時間〉＿＿時＿＿分＿＿～＿＿時＿＿分

学習発表会・音楽会など〈開催日〉＿＿月＿＿日〈時間〉＿＿時＿＿分＿＿～＿＿時＿＿分

〈ご感想〉

※是非参加したほうがよいと感じた行事について

●**受験を終えてのご感想、今後受験される方へのアドバイス**

※対策学習（重点的に学習しておいた方がよい分野）、当日準備しておいたほうがよい物など

＊＊＊＊＊＊＊＊＊＊＊＊　ご記入ありがとうございました　＊＊＊＊＊＊＊＊＊＊＊＊

必要事項をご記入の上、ポストにご投函ください。

なお、本アンケートの送付期限は入試終了後３ヶ月とさせていただきます。また、入試に関する情報の記入量が当社の基準に満たない場合、謝礼の送付ができないことがございます。あらかじめご了承ください。

ご住所：〒＿＿＿＿＿＿＿＿＿＿＿＿＿＿＿＿＿＿

お名前：＿＿＿＿＿＿＿＿＿＿　メール：＿＿＿＿＿＿＿＿＿＿

ＴＥＬ：＿＿＿＿＿＿＿＿＿＿　ＦＡＸ：＿＿＿＿＿＿＿＿＿＿

アンケートのご記入ありがとうございました

ご記入頂いた個人に関する情報は、当社にて厳重に管理致します。弊社の個人情報取り扱いに関する詳細は、www.nichigaku.jp/policy.php の「個人情報の取り扱い」をご覧下さい。

問題39

①

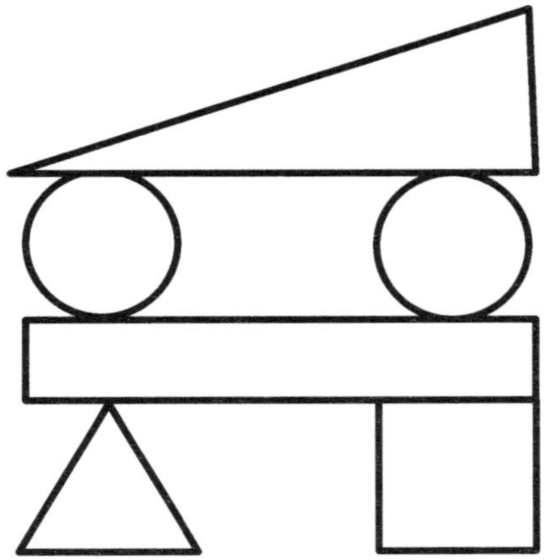

②

問題３８

①

②

③

④

問題３７

問題３６

①

②

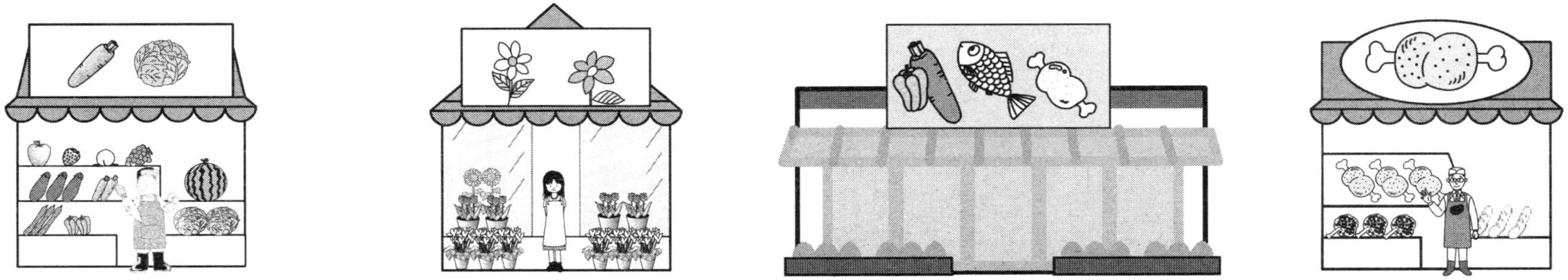

③

④

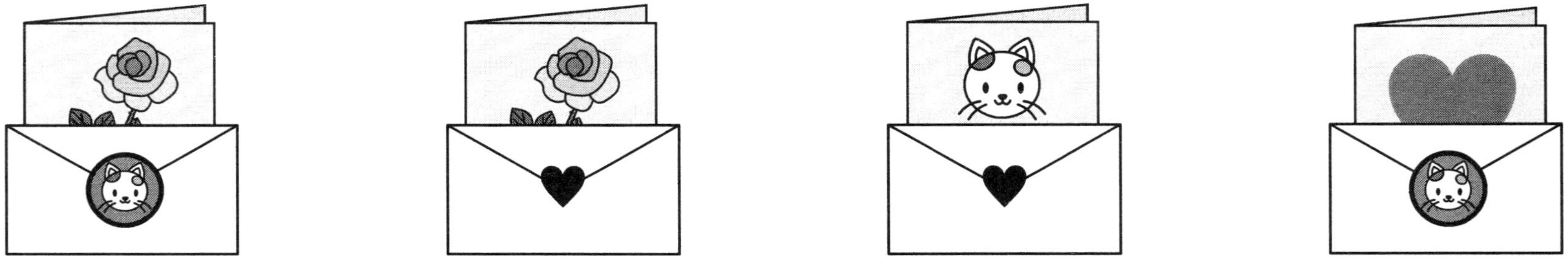

問題３４

問題３３

①

②

③

問題３２

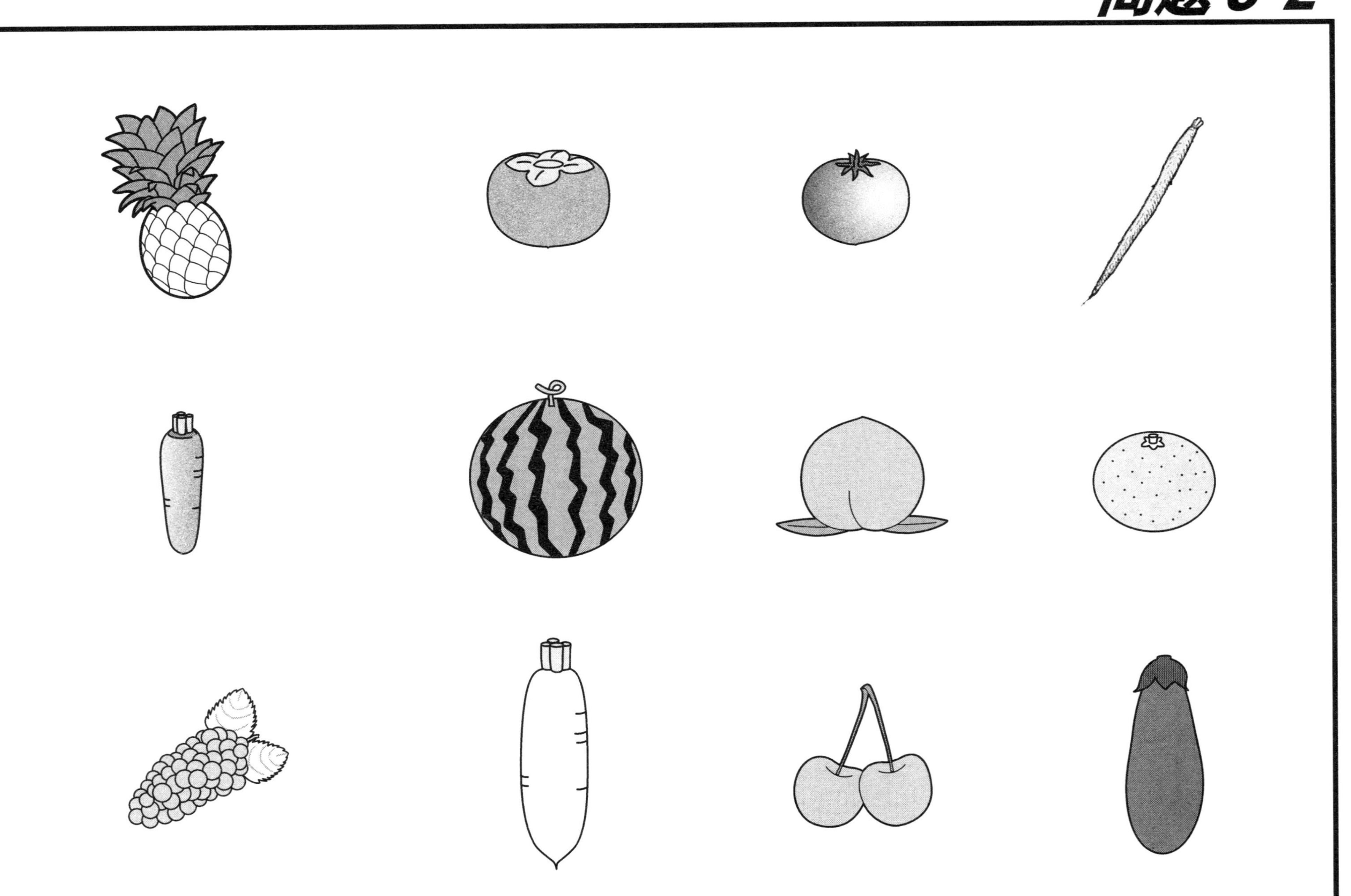

問題３１

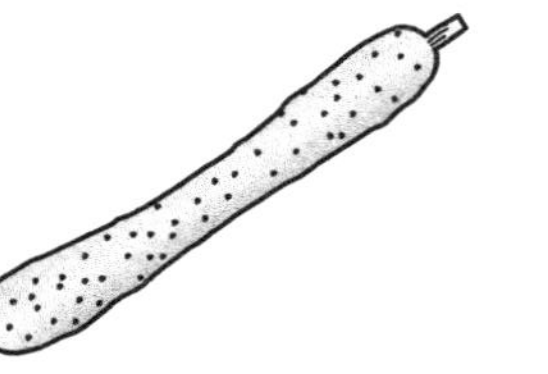
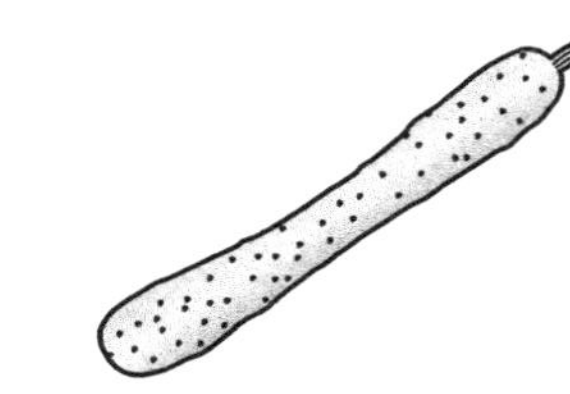
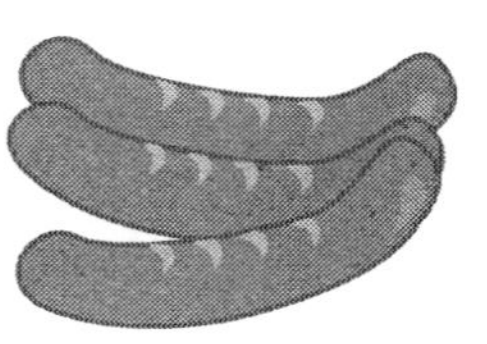

問題３０

問題２９

①

②

③

④

問題２８

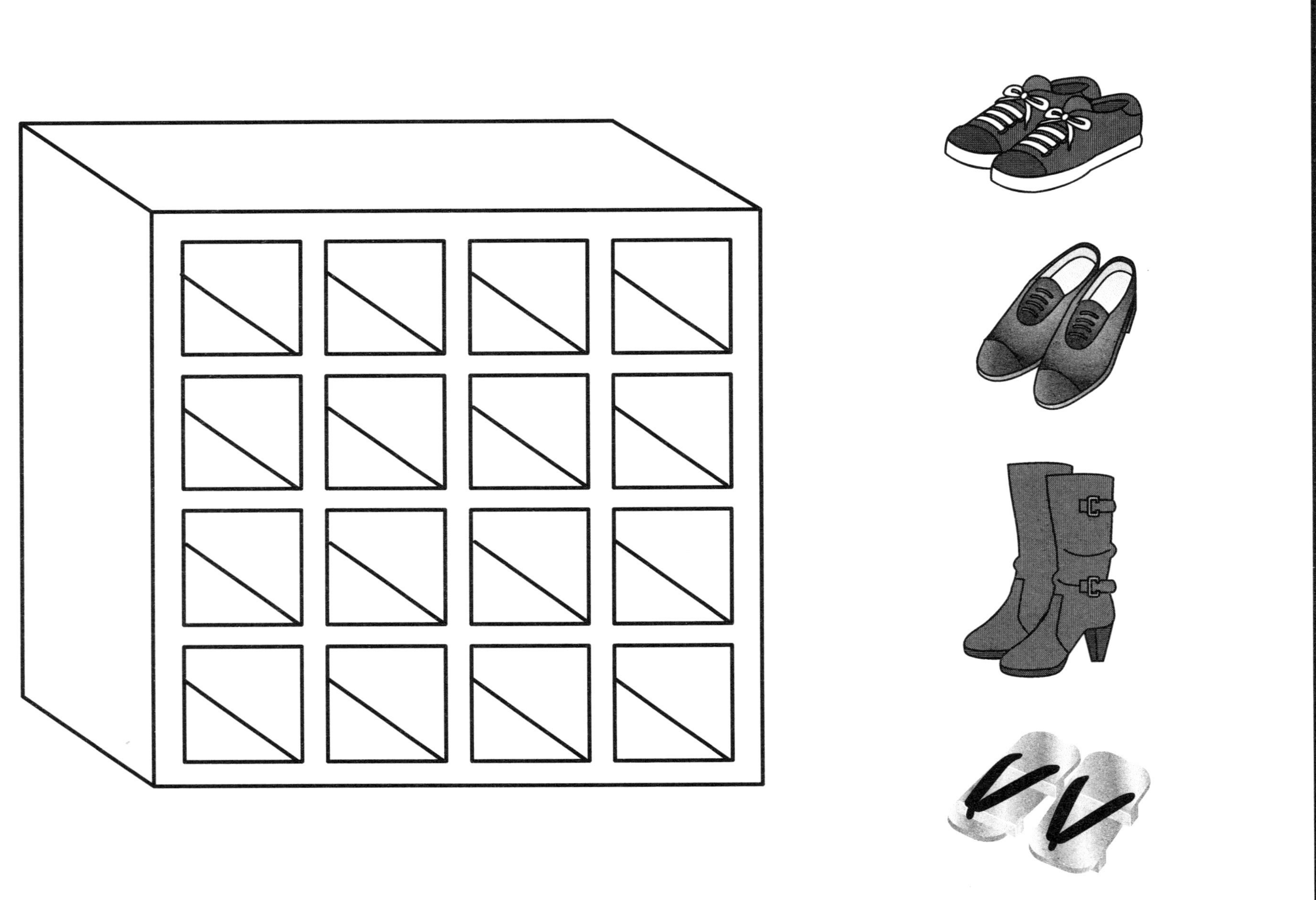

日本学習図書株式会社

問題２６

①

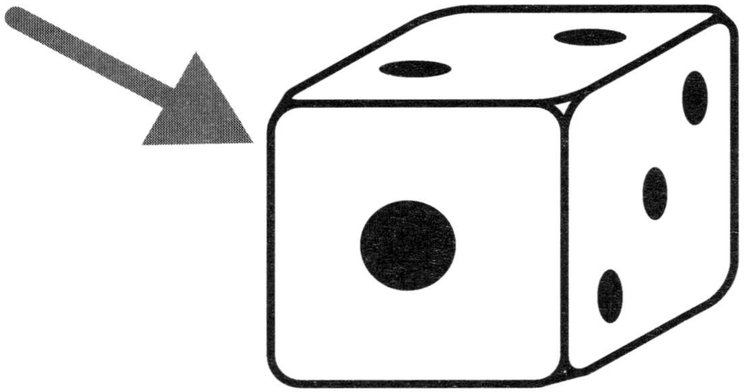

②

問題２５

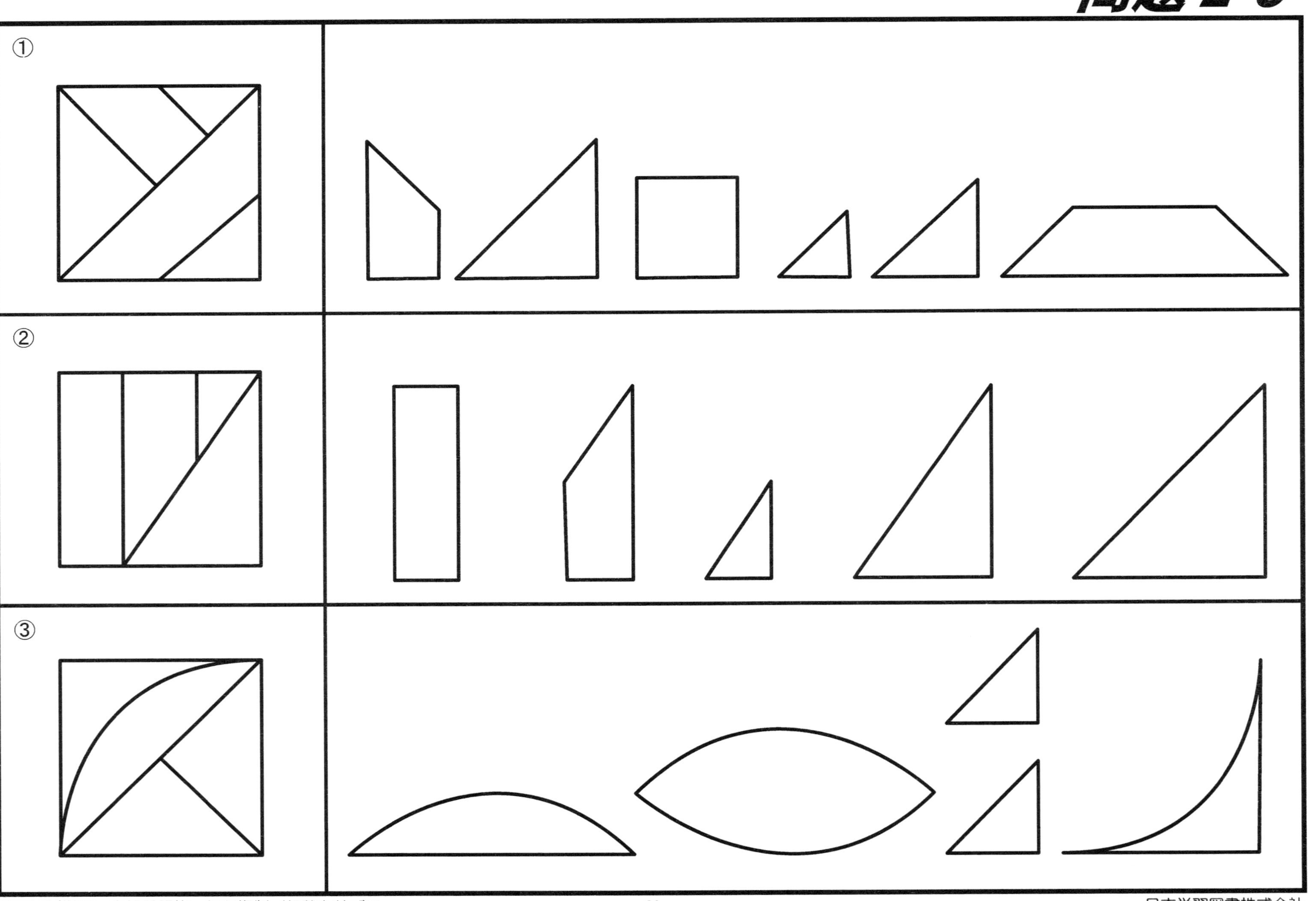

問題24

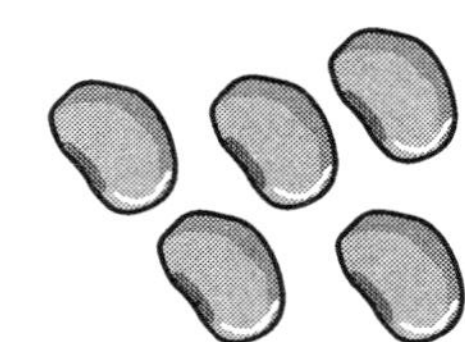

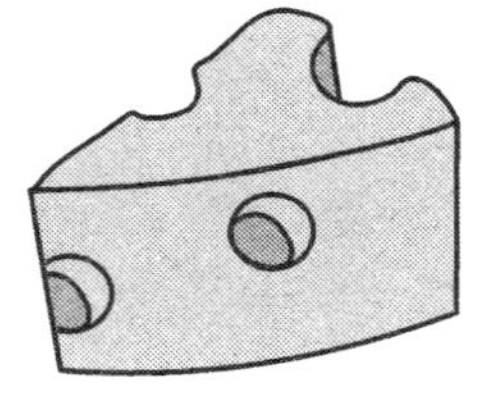

MILK

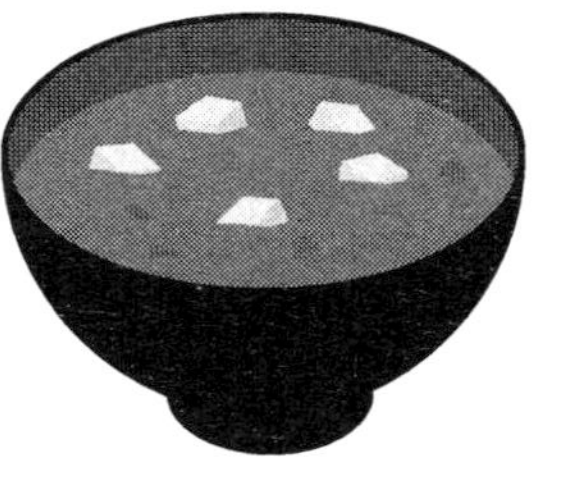

小麦粉
500g

問題23

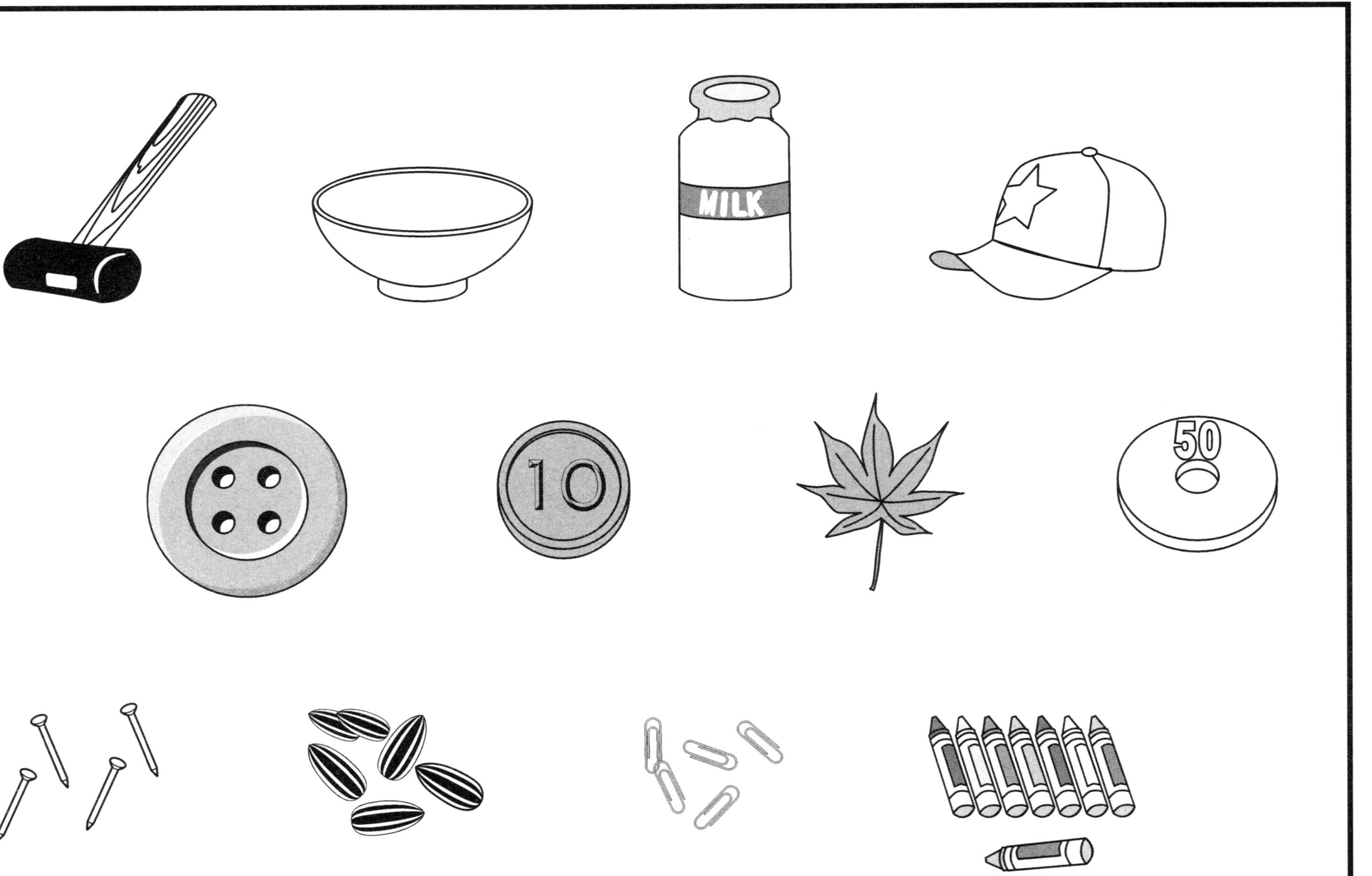

問題22

問題21

問題２０

①

②

③

④

問題１７

問題１６

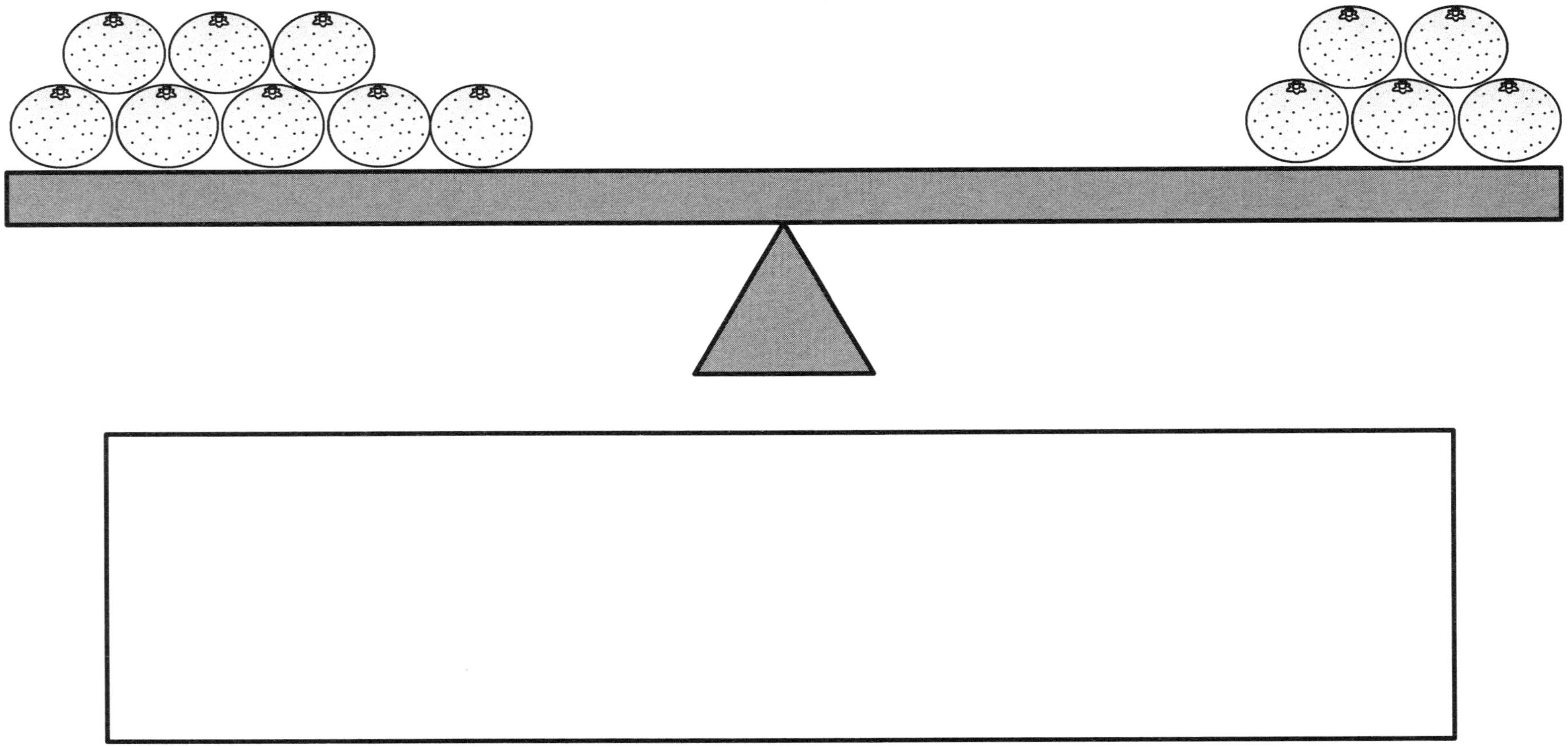

日本学習図書株式会社

問題１５

①

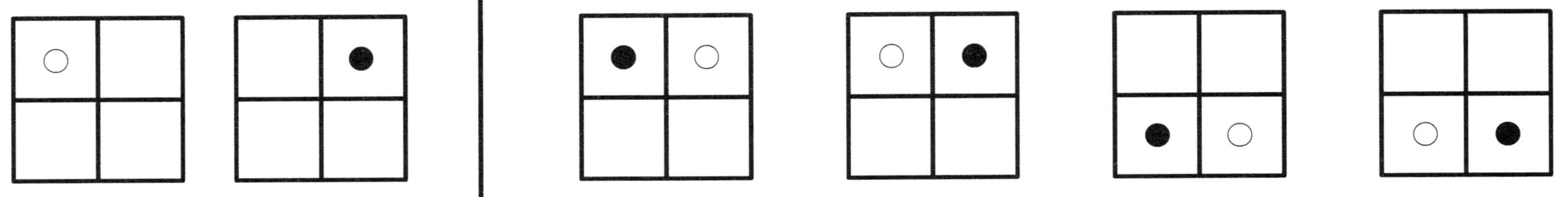

②

③

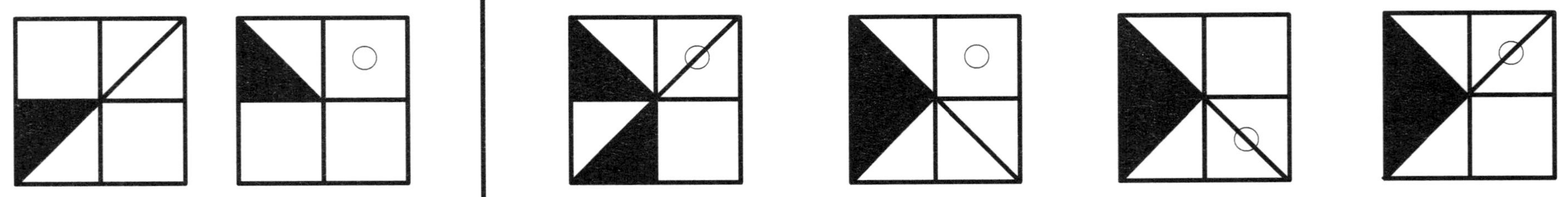

④

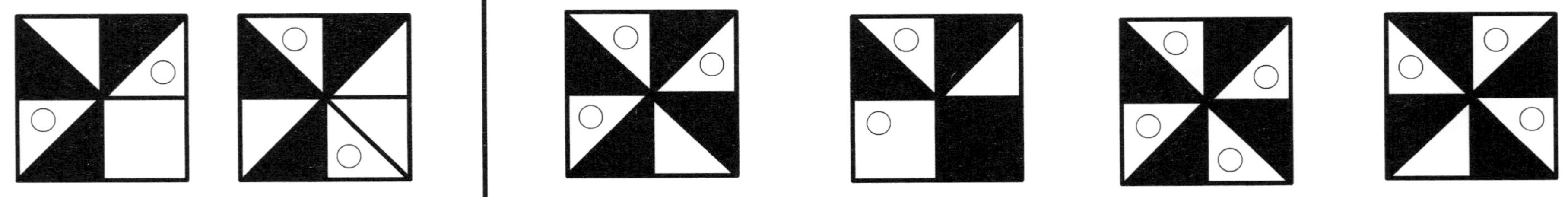

問題１４

①

②

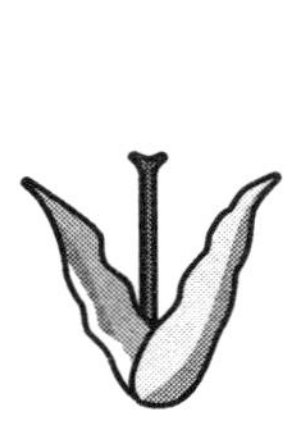

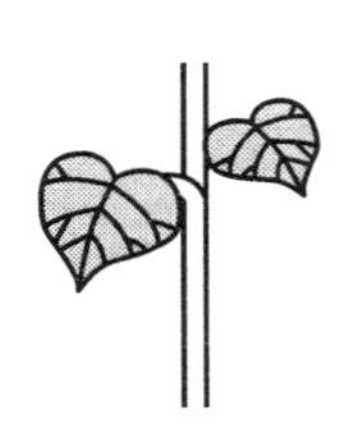

問題１３

問題１２

①②

③

④

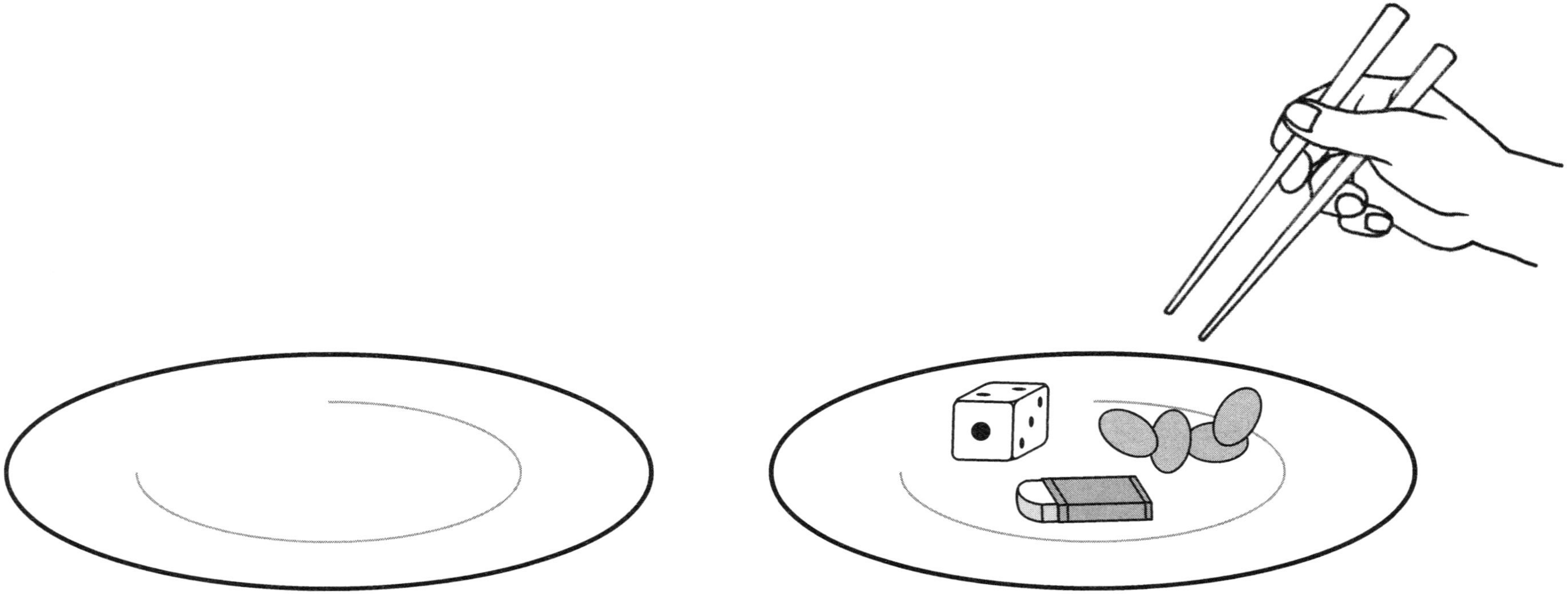

問題 7

日本学習図書株式会社

問題6

問題5

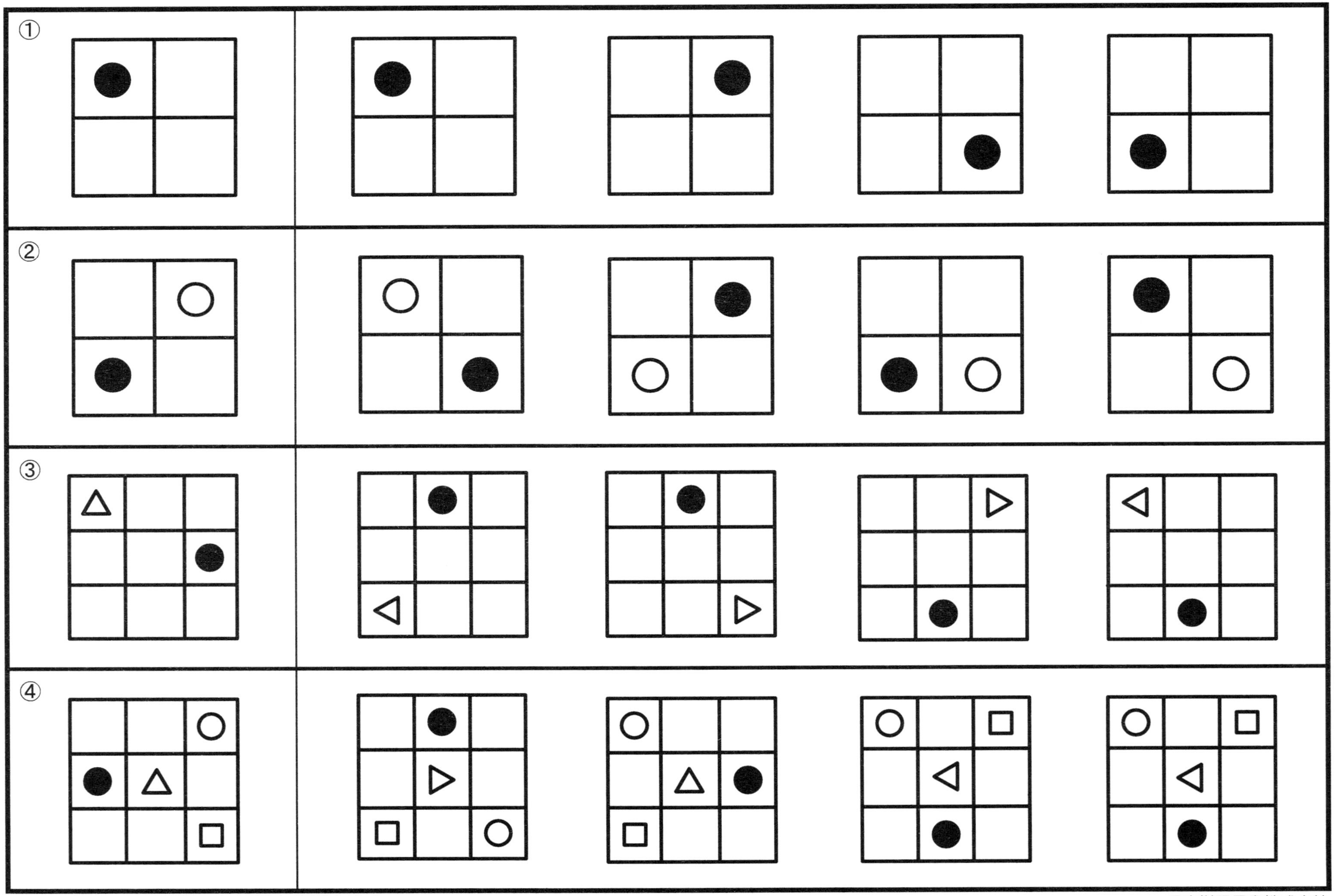

①

②

③

④

　

問題4

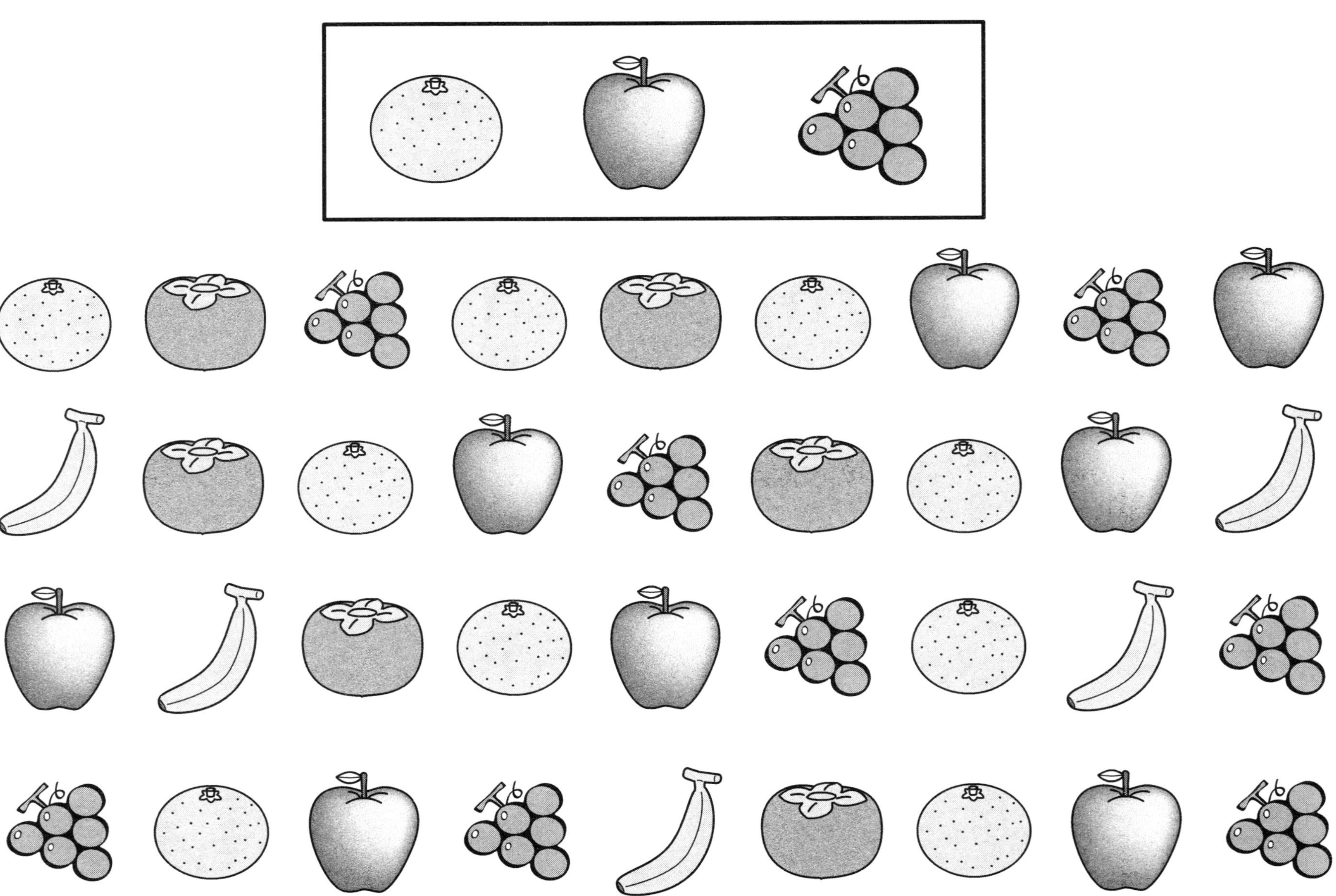

問題3

①

②

問題2

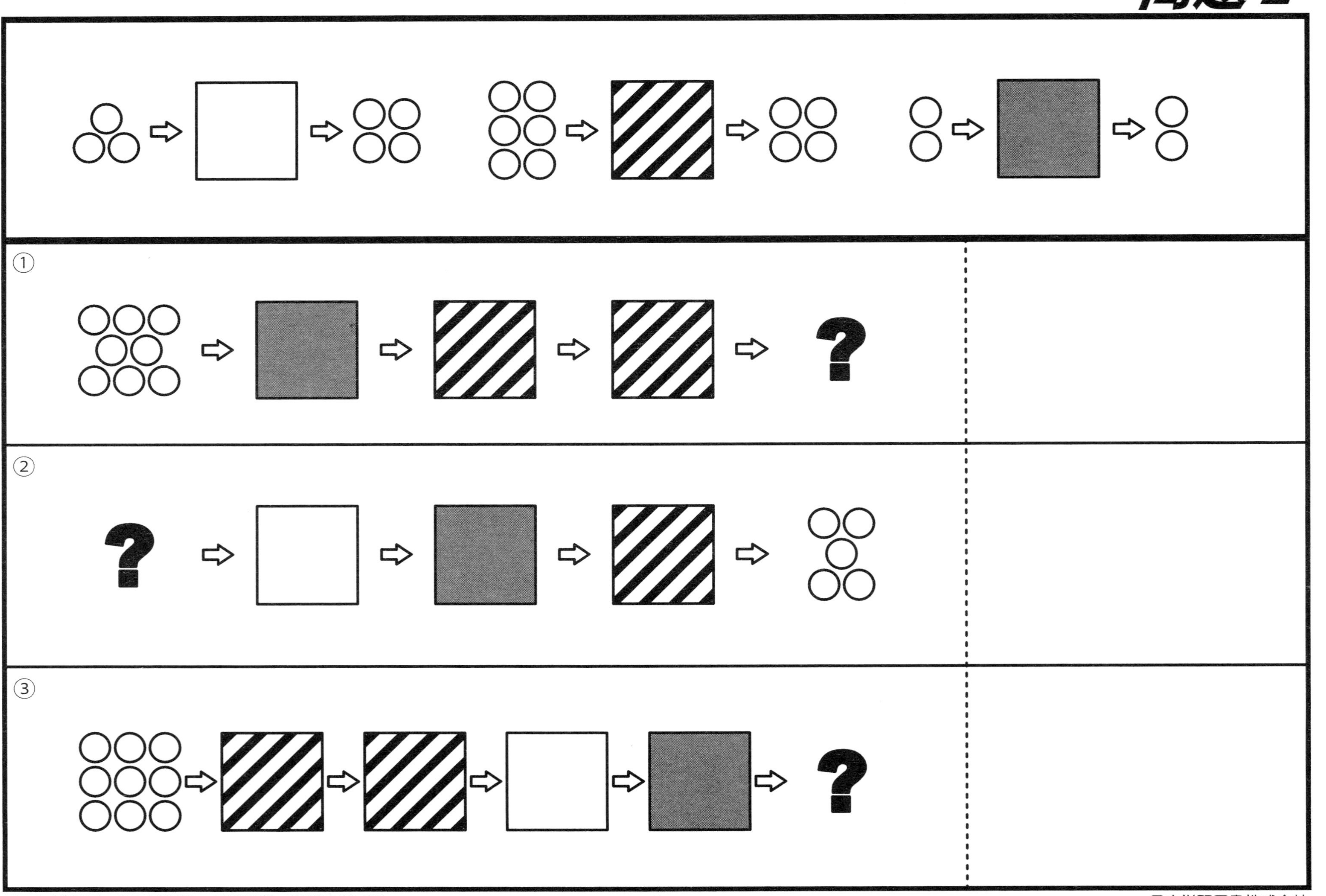

問題1

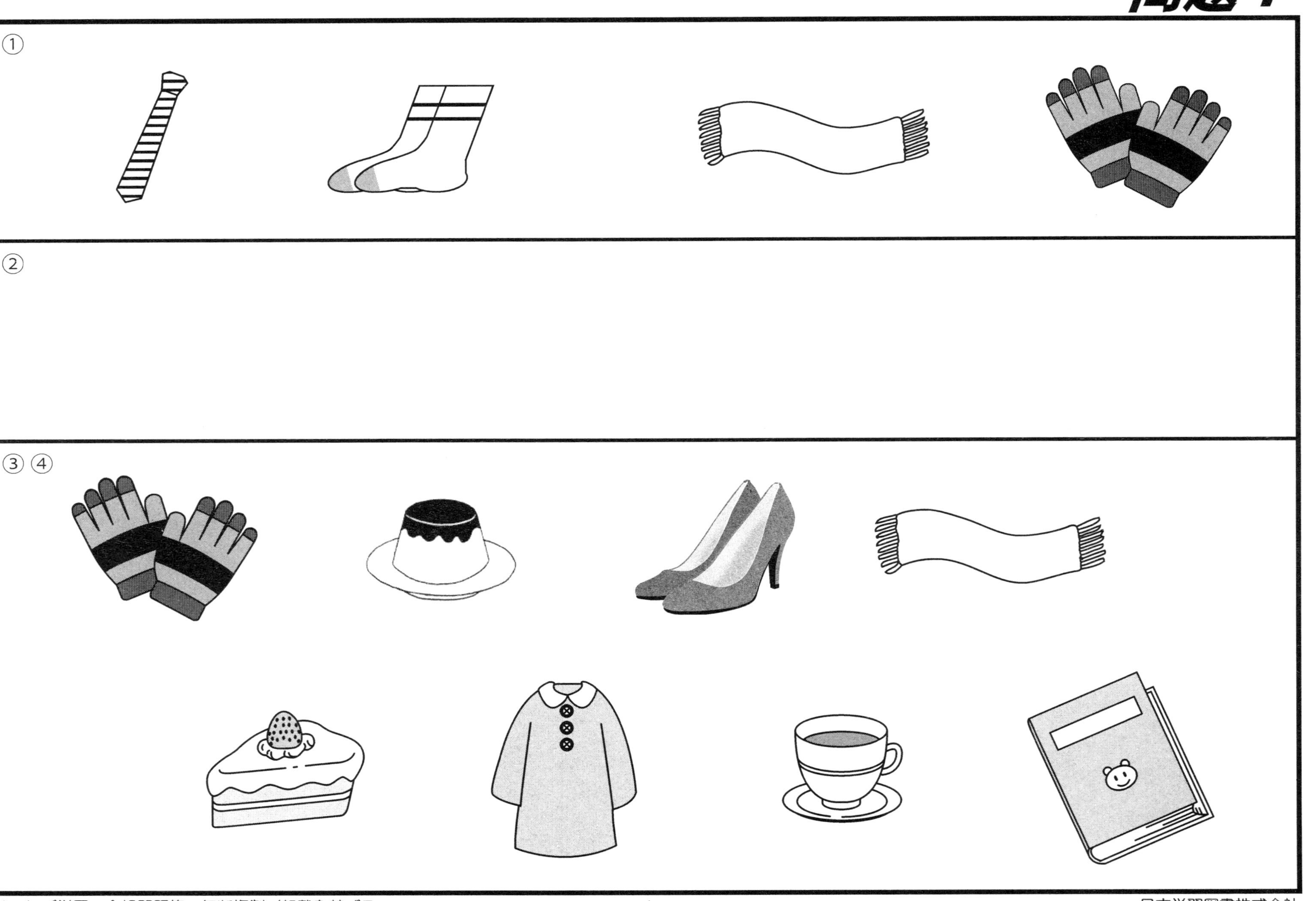

はつしば学園小学校　専用注文書

年　　月　　日

合格のための問題集ベスト・セレクション

＊入試頻出分野ベスト３

1st お話の記憶　集中力　聞く力

2nd 数量　思考力　観察力

3rd 常識　思考力　観察力

ペーパーテストでは、記憶、言語、図形、常識、数量など幅広い分野から出題されています。口頭試問や発展画などの対策も必要なので、計画的に学習を進める必要があります。

分野	書名	価格(税抜)	注文	分野	書名	価格(税抜)	注文
図形	Ｊｒ・ウォッチャー3「パズル」	1,500円	冊	推理	Ｊｒ・ウォッチャー32「ブラックボックス」	1,500円	冊
図形	Ｊｒ・ウォッチャー4「同図形探し」	1,500円	冊	図形	Ｊｒ・ウォッチャー35「重ね図形」	1,500円	冊
図形	Ｊｒ・ウォッチャー5「回転・展開」	1,500円	冊	数量	Ｊｒ・ウォッチャー38「たし算・ひき算1」	1,500円	冊
図形	Ｊｒ・ウォッチャー6「系列」	1,500円	冊	数量	Ｊｒ・ウォッチャー39「たし算・ひき算2」	1,500円	冊
図形	Ｊｒ・ウォッチャー7「迷路」	1,500円	冊	図形	Ｊｒ・ウォッチャー47「座標の移動」	1,500円	冊
図形	Ｊｒ・ウォッチャー9「合成」	1,500円	冊	図形	Ｊｒ・ウォッチャー48「鏡図形」	1,500円	冊
巧緻性	Ｊｒ・ウォッチャー22「想像画」	1,500円	冊	図形	Ｊｒ・ウォッチャー54「図形の構成」	1,500円	冊
巧緻性	Ｊｒ・ウォッチャー23「切る・貼る・塗る」	1,500円	冊	常識	Ｊｒ・ウォッチャー55「理科②」	1,500円	冊
巧緻性	Ｊｒ・ウォッチャー24「絵画」	1,500円	冊	言語	Ｊｒ・ウォッチャー60「言葉の音（おん）」	1,500円	冊
巧緻性	Ｊｒ・ウォッチャー25「生活巧緻性」	1,500円	冊		1話5分の読み聞かせお話集①・②	1,800円	各　冊
常識	Ｊｒ・ウォッチャー27「理科」	1,500円	冊		実践 ゆびさきトレーニング①②③	2,500円	各　冊
常識	Ｊｒ・ウォッチャー28「運動」	1,500円	冊		お話の記憶問題集初級編	2,600円	冊
行動観察	Ｊｒ・ウォッチャー29「行動観察」	1,500円	冊		お話の記憶問題集中級編・上級編	2,000円	各　冊
推理	Ｊｒ・ウォッチャー31「推理思考」	1,500円	冊		新口頭試問・個別テスト問題集	2,500円	冊

合計	冊	円

（フリガナ） 氏　名	電　話 ＦＡＸ E-mail
住 所 〒　　　－	以前にご注文されたことはございますか。 有 ・ 無

★お近くの書店、または記載の電話・FAX・ホームページにてご注文をお受けしております。
電話：03-5261-8951　FAX：03-5261-8953　代金は書籍合計金額＋送料がかかります。
※なお、落丁・乱丁以外の理由による商品の返品・交換には応じかねます。

★ご記入頂いた個人に関する情報は、当社にて厳重に管理致します。なお、ご購入の商品発送の他に、当社発行の書籍案内、書籍に関する調査に使用させて頂く場合がございますので、予めご了承ください。

日本学習図書株式会社
http://www.nichigaku.jp

学習のポイント

口頭試問には選択肢がないので、ペーパーテストに比べて答えやすいというお子さまもいるでしょう。正解不正解というよりも、発想力やコミュニケーション能力を見るための問題です。問題は、それを伝えることです。当たり前のことですが、人がわかるように話せないとよい評価は得られません。年齢なりのもので構いませんが、語彙と話し方を身に付けてください。ただし、話し方といっても、「好印象を受ける話し方」といった面接向けのものではなく、「人にわかるように話す」という基本的なものです。

【おすすめ問題集】

新口頭試問・個別テスト問題集、新ノンペーパーテスト問題集

問題39　分野：図形（構成）・間違いさがし

観察　集中

〈準 備〉　鉛筆

〈問 題〉　①見本の形を作るのに、必要なものにすべて○をつけてください。
②２つの絵を見て、違っている箇所に○をつけてください。

〈時 間〉　各１分

〈解 答〉　下図参照

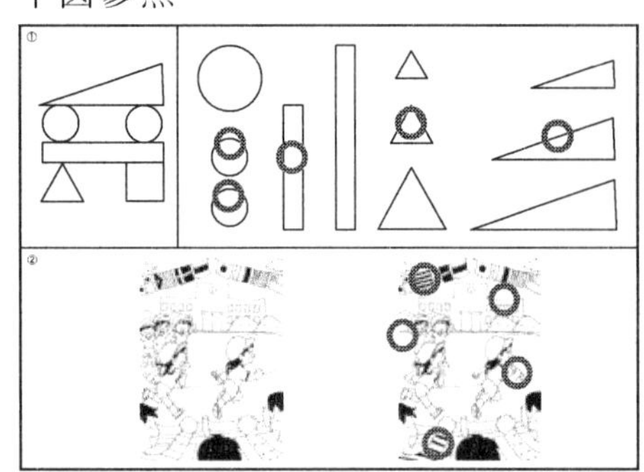

学習のポイント

いずれも観察をもとに、同じものと違うものとを見分ける問題です。①のような問題は、パズルやタングラムなど、具体物を使って考えたり、答え合わせをしたりして体感的に学習すると、短時間で同図形を探せるようになります。②のような間違い探しは、ぼんやりと絵を見比べるだけでは気付くことができません。見るポイントを細部に分けて、１つずつ見比べるようにしてください。雑誌の巻末などに、このようなパズルのコーナーがあったら、お子さまといっしょに取り組んでみるのもよいでしょう。お子さまが先に解いたら、しっかりほめてあげてください。

【おすすめ問題集】
Ｊｒ・ウォッチャー４「同図形探し」、54「図形の構成」

問題40　口頭試問

話す

〈準 備〉　特になし

〈問 題〉　**この問題の絵はありません。**
①リンゴとトマトの、同じところと違うところを言ってください。
②車と船の、同じところと違うところを言ってください。

〈時 間〉　各15秒

〈解 答〉　①同じところ：両方とも木になるものである、両方とも緑色から赤くなる、など
違うところ：リンゴはくだもので、トマトは野菜である、リンゴはあまり料理に使わないが、トマトはよく使う、など
②同じところ：両方とも人や荷物を運ぶ、両方ともガソリンで動く、など
違うところ：車には車輪があるが船にはない、車は道がないと進めないが船に道はない、など

問題38　分野：知識（理科）

〈準備〉　鉛筆

〈問題〉　野菜を真横から切ると、どのように見えますか。選んで○をつけてください。上の段を見てください。

〈時間〉　各15秒

〈解答〉　下図参照

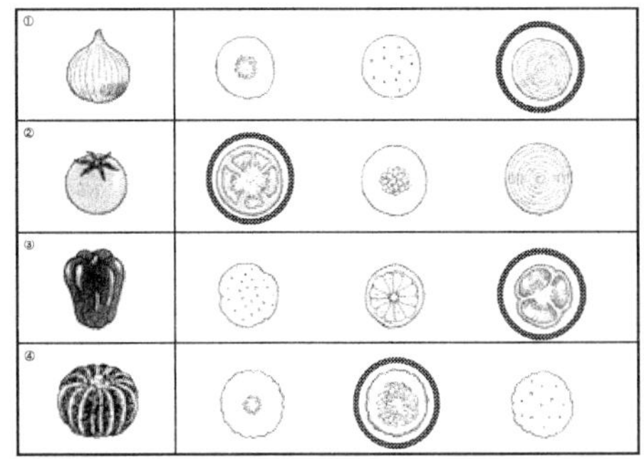

学習のポイント

生活の中で、どれだけ観察力や注意力を発揮しているかを問う問題です。身近な野菜など、ふだん目にするものについて、どこで採れるのか、どんな季節に採れるのか、という知識とともに、固定観念に捕らわれず、さまざまな視点から柔軟に観察し、疑問を持つようにしていると、こうした問題に強くなれます。土の中で育つ野菜の多くが、上から見ると円形なのは地中の圧力から個体を守るのに適した形だから、根菜が長い形をしているのは、広く土の養分を取り込むため、などの合理性について説明してあげると、自分の観察した結果を、ほかの野菜に当てはめて考えることができます。

【おすすめ問題集】

Ｊｒ・ウォッチャー27「理科」、55「理科②」

問題37　分野：欠所補完

観察　集中

〈準 備〉　鉛筆

〈問 題〉　左の絵を見てください。この絵の１部分が欠けています。ここに入るものを右から１つ選び、○をつけてください。

〈時 間〉　15秒

〈解 答〉　下図参照

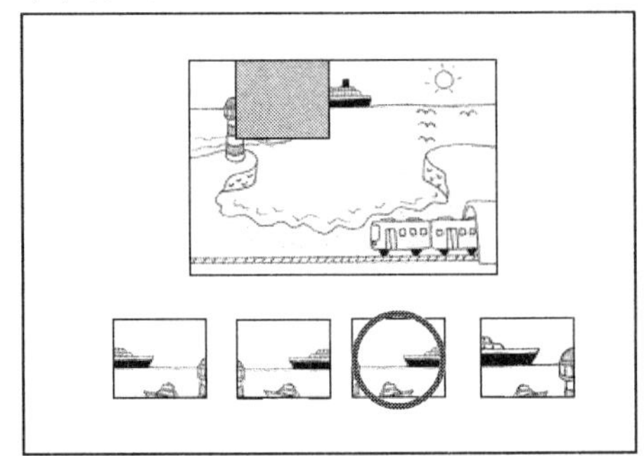

学習のポイント

欠所補完の問題です。このような問題を解く際には、頭の中で欠けているところを補い、どのようなパーツが入るのかを想像してから、それと同じ図を選ぶようにしましょう。最初から選択肢を見て、当てはまらないもの除外しようとすると、選択肢のイメージが先行し、なんとなく合っていそうなものを選んでしまいがちです。前者を確定法、後者を消去法と言いますが、小学校入試は考えるプロセスを重視するので、確定法で学習してください。間違っていた場合にも、どこで間違えたのか、これから何を学習すればよいのかが、わかりやすくなります。

【おすすめ問題集】
　Ｊｒ・ウォッチャー59「欠所補完」

問題36　記憶（お話の記憶）

聞く　集中

〈準備〉　鉛筆

〈問題〉　話を聞いて、問いに答えてください。

今日はゆかりさんの誕生日です。朝起きると、朝食の支度をしていたお母さんが「今日の晩ごはんは、何がいい」と聞きました。ゆかりさんは「カレーライス！」と返事をしました。弟のけいすけくんは、少しうらやましそうです。
朝食が終わってから、お母さんとゆかりさん、けいすけくんは、夕飯のお買い物に行くことにしました。まず青果店で、ニンジン３本、タマネギ５個、ジャガイモ４個を買いました。カレールウも売っていたのですがお母さんは「これはスーパーのほうが安いから」と言って、買いませんでした。次にスーパーマーケットに行って、カレールウとクッキー、ジュースを買いました。その後、お肉屋さんで豚肉を４人分買ったのですが、お肉屋のおじさんがゆかりさんに「今日はニコニコしているね。何かいいことあったのかな」と言ったので、ゆかりさんが「今日は私のお誕生日なの」というと、おじさんは少し考えてから「おめでとう。これは私からのプレゼントだよ」と、トンカツを２枚くれました。けいすけくんの顔が、パッと明るくなりました。けいすけくんは、トンカツが大好きなのです。
家に帰ると、ポストにゆかりさんあてのお手紙が入っていました。ピンク色のシールが貼ってあります。開けてみると、お友だちのゆいさんからのバースデーカードが入っていました。表には、かわいいネコの絵が描いてあり、中には「ずっとなかよしでいようね」と書いてありました。ゆかりさんは思わず「うん！」と返事をしました。それを見て、お母さんは笑いました。けいすけくんは不思議そうな顔をしています。

①お買い物に行ったのは何人ですか。その数だけ○を書いてください。
②２番目に行ったお店は何屋さんですか。○をつけてください。
③タマネギは何個買いましたか。その数だけ○を書いてください。
④ゆいさんからもらったお手紙はどれですか。○を付けてください。

〈時間〉　１分30秒

〈解答〉　下図参照

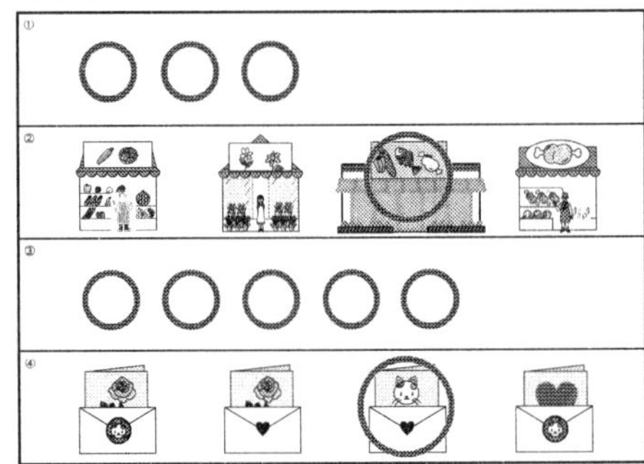

学習のポイント

お話の記憶の問題です。３場面で構成されていますが、日常的な場面ですし、登場人物も大きく変わらないため、混乱することは少ないでしょう。設問では、少し細かい数について質問されています。聞き逃さないよう注意することは当然ですが、細かい箇所に気を取られて、話の流れが混乱しないようにしてください。お話の記憶の学習や、毎日の読み聞かせの際には、話の流れを理解する→場面と登場人物を把握する→細部に注意して聞く、という順番で、徐々に視点を絞って聞く力を身に付けられるよう促してください。

【おすすめ問題集】
１話５分の読み聞かせお話集①②、お話の記憶 初級編・中級編・上級編

問題35　分野：口頭試問

集中　聞く

〈準 備〉　お皿（2枚：1枚の上にはマメ、消しゴム、サイコロを載せておき、1枚は空のままにしておく）

〈問 題〉　**この問題の絵はありません。**
・ハンカチを出して、畳んでください。
・先生と同じように言ってください
「女の子が食パンと牛乳を買いに行きました」
・お皿の上のものを、お箸を使ってもう1つのお皿に移し替えてください。

〈時 間〉　適宜

〈解 答〉　省略

学習のポイント

まず、ハンカチを持っているかどうか、それを畳むことができるかを見ることで、日常生活での衛生観念を見ています。次に、文章を復唱させることで「聞く力」を観ています。「聞く力」は、言葉を理解するだけでなく、指示をしっかり聞く上でも必要な、すべて分野の基礎となります。復唱は、実際にしてみると難しく感じることも多いので、読み聞かせの機会を利用して、簡単なものから少しずつ練習していきましょう。箸使いは、当校の定番問題です。上記3つの課題はいずれも、小学校受験だから必要、というだけでなく、これから長い期間にわたって必要になります。躾として基本的な事項でもありますので、早い時期からできるようにしておきましょう。

【おすすめ問題集】
実践 ゆびさきトレーニング①②③
新口頭試問・個別テスト問題集、新ノンペーパーテスト問題集

問題34　分野：推理

考え

〈準 備〉　鉛筆

〈問 題〉　右上にいるウサギが、あみだくじを通ってニンジンをとるためには、どこに1本、道をつくればよいでしょう。

〈時 間〉　30秒

〈解 答〉　下図参照

学習のポイント

指示迷路といわれている、あみだくじの問題です。あみだくじには「必ず上から下に進む」「横の道があったら必ず曲がる」という２つのルールがあります。本問では、ニンジンの側から逆にたどっていくと、ニンジンのある道からは、真ん中の道までしか行けないことがわかります。そこから、真ん中の道からウサギのいる右の道へと、１本、道をたせばよい、という発想につながります。このように、発想を文字通り逆転して考えることが解決の糸口ですが、これをノウハウとして教えるよりも、実際におやつの種類をあみだくじで決めるなどして、お子さまの関心の湧く方法を工夫しましょう。

【おすすめ問題集】

Ｊｒ・ウォッチャー31「推理思考」

学習のポイント

理科的な常識を問う問題です。土の中にできる野菜を選ぶ問題ですが、ここで求められているのは「根菜と果菜、葉菜を分ける」というような知識ではなく、疑問を引き出す習慣です。例えばニンジンを見た時に、それがどこにできるものなのか、葉はどうなっているのか、というように好奇心を広げていくことができているか、ということです。同時に、保護者の方がその疑問を解決することができているか、ということも観られています。特に野菜やくだものなど、身近なものについては、いっしょに買い物にでかけた際に、実物を目にしながら説明することもできますから、ぜひ教えてあげてください。

【おすすめ問題集】
Ｊｒ・ウォッチャー27「理科」、55「理科②」

問題33　分野：図形（四方からの観察）　観察

〈準 備〉　鉛筆

〈問 題〉　絵を見て質問に答えてください。真ん中にある四角を動物たちが見ています。
①左の形はどの動物から見た形でしょうか。右の四角の中から選んで○をつけてください。②も同じように○をつけてください。
③ウシから見た時、形はどのように見えているでしょうか。同じ形になるように記号を書いてください。

〈時 間〉　①②各20秒　③１分

〈解 答〉　下図参照

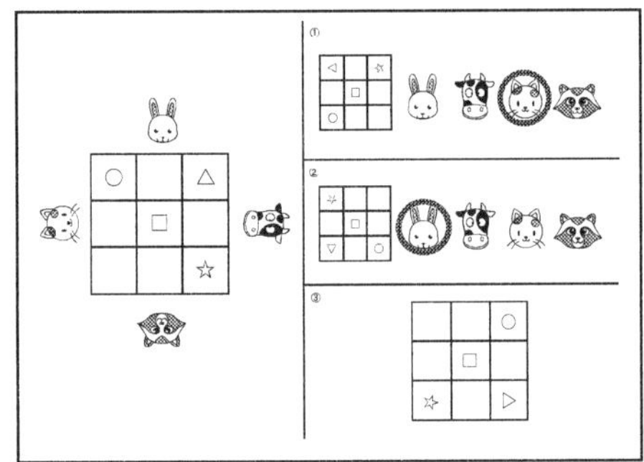

学習のポイント

平面での四方からの観察です。四方からの観察の形式での出題ですが、回転図形の問題として考えることもできます。単純に図形を回転させるのではなく、記号もいっしょに回転して位置が変わる「座標」や「位置移動」の要素も含まれています。少し複雑にはなりますが、１つひとつ確認して進めていけば、確実に正解することができます。座標の回転は、１つの部分に着目し、それがどこに移動したかを見れば、比較的容易に回答することができます。

【おすすめ問題集】
Ｊｒ・ウォッチャー10「四方からの観察」、46「回転図形」

問題31　分野：言語（言葉の音）

集中

〈準備〉　鉛筆

〈問題〉　「ピーマン」のように、伸ばす音が入っているものを選んで○をつけてください。

〈時間〉　30秒

〈解答〉　下図参照

学習のポイント

言葉の音のうち、長音についての問題です。長音は「ボール」の２文字目のように「ー（棒引き）」で表す音ですが、実際の発音では「ボオル」のように母音を２つ続けて発音することが多く、文字を知らないお子さまにとっては、判別が難しいかもしれません。言葉を教える際に、その都度教えてあげることが望ましいです。一方、「学校」「お母さん」などは「ガッコー」「オカーサン」のように、長音に近い発音がされるものの、一般的には長音としては扱われませんから、新しい言葉を教える際には、発音までをていねいに教えてあげてください。

【おすすめ問題集】
　Ｊｒ・ウォッチャー60「言葉の音（おん）」

問題32　分野：常識（理科）

知識

〈準備〉　鉛筆

〈問題〉　次の絵の中から、土の中にできるものを選んで○をつけてください。

〈時間〉　30秒

〈解答〉　下図参照

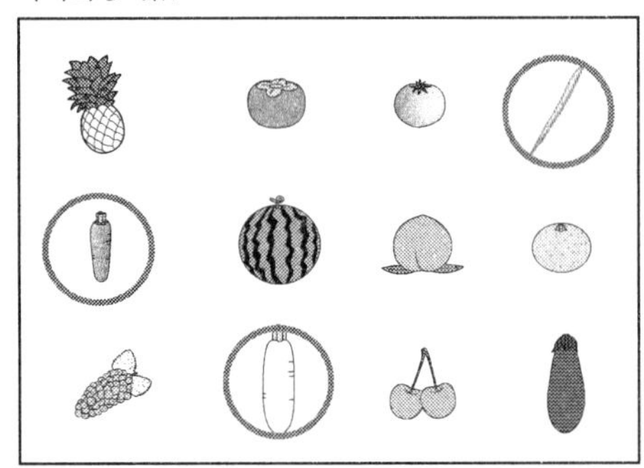

学習のポイント

長いお話ではありませんが、動物の名前がいくつも出てくるので、注意して聞く必要があります。何番目かを問う問題では「次に」「その後に」などの言葉に気を付けてください。また、このお話には、場面が家→動物園に行く途中→動物園から帰る途中、というように大きく３つの場面があるほか、動物園の中でも場所を変えるので、注意して読むようにしてください。学習の最初の段階では、場面ごとにお話を切って、問いかけをしても構いません。どんな場面だったか、またその場面での登場人物は誰だったのか、ということを押さえてください。各場面をしっかり捉えられるようであれば、２つ以上の場面をまとめて読み聞かせ、「最初の場面にはいたけれど、後の場面にいなかったのは誰？」というように場面の推移を問い、頭の中で場面の整理ができているかを確認してみてください。

【おすすめ問題集】
１話５分の読み聞かせお話集①②、お話の記憶 初級編・中級編・上級編

問題30 数量（補数） 考え

〈準 備〉 鉛筆

〈問 題〉 上の四角の中の数と合わせて８になるためには、見本の数のほかにどれとどれを合わせればよいですか。２つ選んでください。

〈時 間〉 30秒

〈解 答〉 下図参照

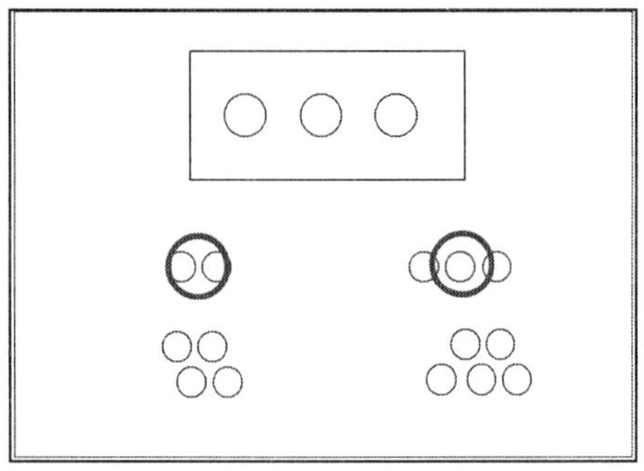

学習のポイント

合わせるとある数になる「補数」を探す問題です。この補数の考え方は、小学校入学後に習う、繰り上がりのあるたし算と、繰り下がりのあるひき算の分野に用いる、暗算の基礎になります。たして10になる数を１つ探すのが通常ですが、本問では、たして８になる数が問われていること、また探す数が２つあることから、考える段階がやや複雑になっています。このような数の問題については、おはじきなどの具体物を用いて解説すると、お子さまにもわかりやすいでしょう。

【おすすめ問題集】
Ｊｒ・ウォッチャー38「たし算・ひき算１」、39「たし算・ひき算２」

問題29 分野：記憶（お話の記憶）

聞く　集中

〈準備〉　鉛筆

〈問題〉　話を聞いて、後の質問に答えてください。

今日は日曜日です。タカシくんは朝起きると、飼っているイヌのジョンに「おはよう」と言った後、お父さんとお母さん、それに弟のヒロシくんのいるテーブルに向かいました。
動物園へは、お母さんの運転する車で行きました。車の中でお父さんが「２人はどんな動物が見たいのかな」と言ったので、タカシくんは「ライオンが見たいな」と言い、ヒロシくんは「ペンギンが見たい」と言いました。お母さんは「私はコアラが見たいな」と言いました。
動物園に着くと、まずホッキョクグマとアシカを見た後、コアラのいる場所に行きました。コアラはずっと葉っぱを食べていましたが、お母さんは10分以上その様子を見ていました。少し休憩した後に、ライオンのいる場所に向かいました。ライオンはずっと寝ていたのですが、動物園のおじさんがエサをやりにいくと、首を持ち上げて「ガオー」と大きな声で鳴きました。ヒロシくんは、びっくりして泣きはじめてしまいました。
お父さんが泣いているヒロシくんをおんぶして、ヒツジやヤギに触ることのできる場所に行きました。ペンギンも近くにいましたが、触ることはできず、残念でした。ヤギにエサをやりながらヒロシくんはニコニコ笑っています。
帰りは、お父さんが車の運転をしました。ヒロシくんはずっと、ライオンの真似をして「ガオー」と言っていました。タカシくんは「さっきは泣いていたくせに」と思いましたが、そう言うとヒロシくんがまた泣いてしまいそうなので、黙っていました。

①動物園には何で行きましたか。○をつけてください。
②ヒロシくんが見たがっていた動物は何ですか。○をつけてください。
③ライオンは何番目に見に行きましたか。その数だけ○を書いてください。
④触ることのできた動物はどれですか。○をつけてください。

〈時間〉　各30秒

〈解答〉　下図参照

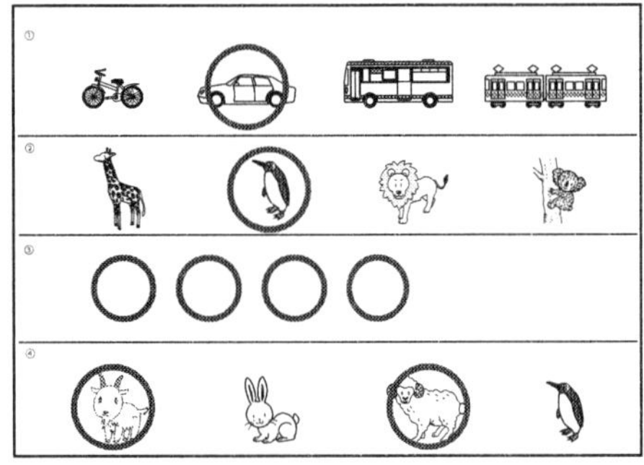

問題28 指示行動

聞く

〈準備〉 革靴、運動靴、ブーツ、下駄、下駄箱

〈問題〉 靴を、靴箱の言われたところに片付けましょう。
・革靴を、1番上の段の左から2番目に片付けてください。
・運動靴を、上から2番目の段の右から2番目に片付けてください。
・ブーツを、下から2番目の段の1番左に片付けてください。
・下駄を、1番下の段の1番右に片付けてください。

〈時間〉 適宜

〈解答〉 省略

学習のポイント

本問は指示行動の問題ですが、座標の問題の要素も入っています。指示をしっかり聞くこと、3×4のマスの指定された位置を把握できること、また下足をきちんとしまえること、の3点がしっかりできていなければなりません。座標（位置）については、紙にマスを書き、おはじきを指定された場所に置くなどの学習法がおすすめです。靴のしまい方のマナーには、つま先を前にするものと、かかとを前にするものとの2通りがありますが、ここでは、すべての靴がどちらかのルールで揃っていれば問題ないでしょう。左右の靴をバラバラに置いたり、乱雑に突っ込んだりしないようにしてください。

【おすすめ問題集】
新ノンペーパーテスト問題集

家庭学習のコツ③ 効果的な学習方法～問題集を通読する

過去問題集を始めるにあたり、いきなり問題に取り組んではいませんか？　それでは本書を有効活用しているとは言えません。まず、保護者の方が、すべてを一通り読み、当校の傾向、ポイント、問題のアドバイスを頭に入れてください。そうすることにより、保護者の方の指導力がアップします。また、日常生活のさまざまなことから、保護者の方自身が「作問」することができるようになっていきます。

問題26 図形（四方からの観察）

観察 集中

〈準 備〉 鉛筆

〈問 題〉 サイコロがあります。このサイコロを矢印の方から見た時の目の数はいくつですか。その数だけ、○を書いてください。

〈時 間〉 30秒

〈解 答〉 ①○：4　②○：2

学習のポイント

サイコロの裏表の位置にある目の合計は、7になります。足して7になる数（7の補数）を考えればよいのですが、まずサイコロをさまざまな角度から観察させてみてください。見えていない面がどのようになっているのかを観察したり、裏表の関係にある面の目の数だけ紙に○を書いたりしてみましょう。そうすると、並行な位置関係にある面の合計がすべて7になる、ということを見つけられます。四方だけではなく、上からも観察してみましょう。またサイコロを透明なものの上に載せれば、下からも観察することができます。

【おすすめ問題集】
Ｊｒ・ウォッチャー10「四方からの観察」

問題27 分野：制作（課題画）

集中

〈準 備〉 鉛筆、鉛筆、道具箱（カラーサインペン、ハサミ、のりが入っている）
台紙

〈問 題〉 **この問題の絵はありません。**
問題の絵に描いてあるイラストに色を塗って切り取ってください。窓が開くようにして台紙に貼って、窓の中から自分がのぞいているところを描いてください。周りにも絵を描き足しましょう。

〈時 間〉 適宜

〈解 答〉 省略

学習のポイント

想像画の問題です。口頭試問の際に、この絵についての質問があります。自画像を描く問題なので、この時に絵の中の自分は何を見ていて、どう感じているのかを、答えられるようにしてください。ふだん制作の練習をするときから、とりあえず手を動かしながら作るのではなく、何を作りたいのかを考えてから始めるようにしてみましょう。また、成果物について、積極的に家族などに見せて、制作意図を発表する機会を設けましょう。感想や意見などを聞くことができると、お子さまのやる気アップにもつながります。

【おすすめ問題集】
実践 ゆびさきトレーニング①②③
Ｊｒ・ウォッチャー22「想像画」、23「切る・貼る・塗る」、24「絵画」

学習のポイント

いろいろな食べものの材料を答える問題です。ここに挙げられているものは、いずれも見てすぐにわかるものではありませんから、ふだんの生活で、食べものが何からできているのか、どのように作られるのか、などの会話がされているかどうかがポイントです。小学校受験では、食べものに限らず、身近なものについての、やや深い知識についてはよく問われます。さまざまなことをご家庭の話題にして、お子さまの興味や関心を引き出してください。

【おすすめ問題集】
Ｊｒ・ウォッチャー27「理科」、55「理科②」

問題25 図形（図形の構成）

聞く 集中

〈準備〉 鉛筆

〈問題〉 左の絵に使われていないものを右から選んで○をつけてください

〈時間〉 1分

〈解答〉 下図参照

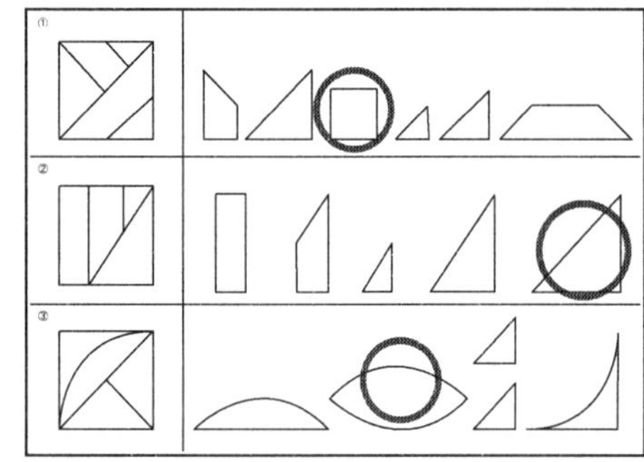

学習のポイント

図形の構成についての問題です。この分野では、基本図形を頭の中でお手本の形に組み合わせる発想が必要ですが、最初は具体物を用いて、どのような組み合わせができるのかを実際に試してみましょう。厚紙などを右の絵にあるような基本図形の形に切って、お手本の絵のようにするにはどうしたらよいのかを、手を動かして考えます。そうすると、お手本のどの位置が重なっていないのかがわかるようになり、不必要なものがどれなのかを見つけることができます。実際に手を動かして学んだことは、しっかり身に付きますので、保護者の方は、問題を読む際には、どのように体験させればよいのかを考えるようにしてください。

【おすすめ問題集】
Ｊｒ・ウォッチャー45「図形分割」

問題23　常識（理科）　知識

〈準 備〉　鉛筆

〈問 題〉　次の絵の中で、磁石にくっつくものを選んで、○をつけてください。

〈時 間〉　30秒

〈解 答〉　下図参照

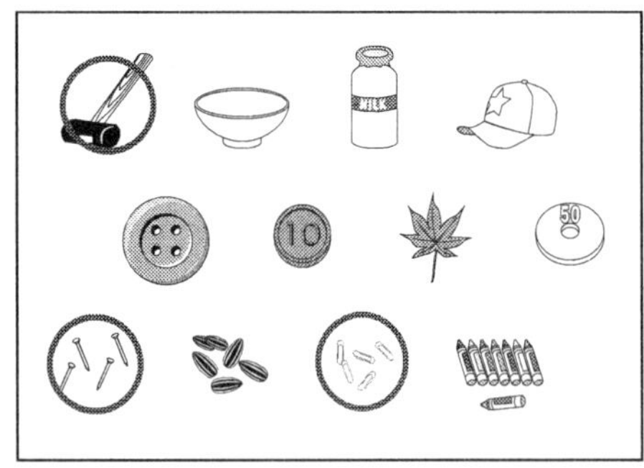

学習のポイント

磁石にくっつくものは金属、くっつかないものはそれ以外のもの、と答えがちですが、金属にも磁石にくっつかないものがあります。本問の10円玉や50円玉の主成分である銅は、くっつきません。こうした問題は、実際に試してみて学習するのが１番です。例えば飲みものの缶には、くっつくもの（スチール缶など）とくっつかないもの（アルミ缶など）がありますし、お札のインク部分は磁石にくっつきます。家庭にあるさまざまなものに磁石を近づけてみて、楽しく学習しください。

【おすすめ問題集】

Ｊｒ・ウォッチャー27「理科」、55「理科②」

問題24　常識（理科）　知識

〈準 備〉　鉛筆

〈問 題〉　上にある食べものの、もとになっているものを下から探して、線で結びましょう。

〈時 間〉　15秒

〈解 答〉　下図参照

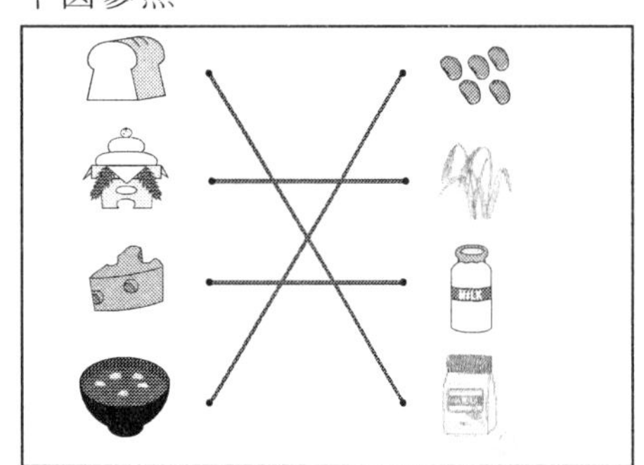

問題22　言語（言葉の音）

語彙　集中

〈準　備〉　鉛筆

〈問　題〉　左の絵のキツツキのように、同じ音が２つ続く言葉を右の絵から選んで○をつけてください。

〈時　間〉　１分

〈解　答〉　下図参照

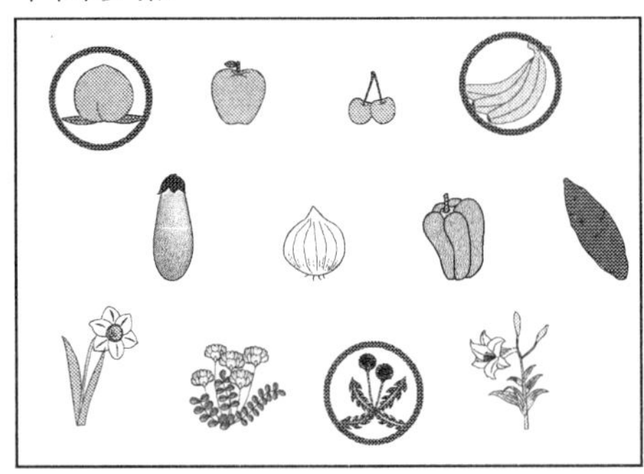

学習のポイント

言葉の音の応用として、同じ音が続けて使われる、同音反復のある言葉を探す問題です。一見難しいようですが、お子さまは音の響きを面白がって、このような言葉を意外と多く覚えているかもしれません。お子さまの語彙を豊かにするためには、さまざまな言葉を発声する言葉遊びをおすすめしますが、その中で、語感を楽しめるような言葉を探してみるのもよいかもしれません。また、カタカタ、ザーザーというように、２音以上の言葉を繰り返す言葉を「畳語」と言います。読み聞かせなどでこのような言葉が出て来た際には、どんなふうに伝わったのかをお子さまに問いかけてみると、言葉の表現に着目するきっかけになるかもしれません。

【おすすめ問題集】

Ｊｒ・ウォッチャー60「言葉の音（おん）」

家庭学習のコツ②　「家庭学習ガイド」はママの味方！

問題演習を始める前に、試験の概要をまとめた「家庭学習ガイド（本書カラーページに掲載）」を読みましょう。「家庭学習ガイド」には、応募者数や試験課目の詳細のほか、学習を進める上で重要な情報が掲載されています。それらの情報で入試の傾向をつかみ、学習の方針を立ててから、対策学習を始めてください。

お話の記憶の基本的な問題です。②では、数の大小について聞かれていますが、さほど難しくはありません。サルさんにどんぐりをあげる前にも後にも、イヌくんが１番多くドングリを持っています。③についても、リスさんとイヌくんが「１個ずつドングリをあげ」たとしているので、数の計算以前に直感的に答えてほしいところです。④は、すべり台とは逆の順番なので、サルさん→イヌくん→リスさんを逆に考えることが必要です。リスさん→イヌくん→サルさんの順になるので、ブランコに最後に乗ったのはサルさんです。ここでは「聞く力」を判断するために、先生が言ったことを、頭の中で逆に並べ替えるます。登場人物をしっかりイメージできていないと難しいですから、読み聞かせの中で試してみてください。「聞く力」は、すべての問題に共通する能力として重視されています。

【おすすめ問題集】
　１話５分の読み聞かせお話集①②、お話の記憶　初級編・中級編・上級編

問題21　数量（たし算）　考え

〈準　備〉　鉛筆

〈問　題〉　ブドウジュースはコイン５枚、リンゴジュースはコイン３枚、オレンジジュースはコイン４枚と交換できます。３種類のジュースを１杯ずつ買うのに必要なコインは何枚でしょう。その枚数の数だけ四角の中に○を書いてください。

〈時　間〉　20秒

〈解　答〉　○：12

たし算の問題です。小学校受験では、数の計算ができることを前提にしていません。ですから、何枚多いか、という積み重ねで考えられるようにする必要があります。この問題は、答えが10より大きくなる、繰り上がりのある計算になりますので、補数（たすと10になる数）の考え方を身に付けておくことが必要です。ブドウジュースとリンゴジュースを買うのに必要とするコインの数８枚の次に、オレンジジュースを買うのに必要なコインの数４枚を２枚と２枚に分け、10枚と２枚として考えた後に、12枚という答えを出します。これは、小学校１年生の算数で繰り上がりのあるたし算でつまずく児童が多いことから、あらかじめこの考え方を理解しているかどうかを把握したい、という学校側の意図による出題だと考えられます。

【おすすめ問題集】
　Ｊｒ・ウォッチャー38「たし算・ひき算1」、39「たし算・ひき算2」

学習のポイント

①は言葉の音と、協調性を問う課題で、例年よく出題されています。②はリトミックのうち、リズム遊びを行うものです。リトミックにはリズム遊びのほかにソルフェージュ、即興の項目がありますが、当校では音楽的な素養は問われません。専門の教室に通う必要はないでしょう。お友だちといっしょに、生き生きと体を使って表現してください。音楽の速度に合わせられればよいので、リズム感そのものが、特に優れている必要もありません。①②を通じて、お友だちを尊重できるか、決められたルールの中で積極性を発揮できるか、という点が重視されています。

【おすすめ問題集】
新口頭試問・個別テスト問題集、Ｊｒ・ウォッチャー29「行動観察」

問題20　記憶（お話の記憶）　聞く 集中

〈準備〉　鉛筆

〈問題〉　話を聞いて、後の質問に答えてください。

リスさんとイヌくんは公園に遊びに行きました。公園にはドングリの木があって、たくさんのドングリが落ちていました。そこで２人はドングリ拾いをすることにしました。リスさんは３個、イヌくんは４個、ドングリを拾うことができました。すると、サルさんがやってきて、「いいなー、ぼくもドングリがほしいなー」と言いました。２人は１個ずつサルさんにドングリをあげ、３人で仲良く遊びました。はじめにすべり台で遊びました。すべり台に乗る順番はじゃんけんで決めて、サルさん、イヌくん、リスさんの順で滑りました。そのあと、鬼ごっこをして遊びました。次に、ブランコに乗って遊びました。ブランコに乗る順番は、さっきのすべり台とは逆の順番にしました。鬼ごっこをしていると、お家に帰る時間になったので、３人はさようならをしてお家に帰りました。とても楽しい１日になりました。

①１番上の段を見てください。お話と同じ季節のものに○をつけてください。
②上から２番目の段を見てください。ドングリを１番多く持っている動物は誰ですか。絵の中から選んで○をつけてください。
③下から２番目の段を見てください。サルさんがもらったドングリはいくつですか。その数と同じ数の○を書いてください。
④１番下の段を見てください。ブランコに１番最後に乗った動物は誰ですか。選んで○をつけてください。

〈時間〉　各20秒

〈解答〉　①右から２番目　②右端　③○：２　④左端

問題18　分野：行動観察（自由遊び）

聞く　集中

〈準備〉　ままごとの道具、積み木、ブロック、トランプ、輪投げ、パズル

〈問題〉　**この問題の絵はありません。**
教室の中にあるものを使って、お友だちと自由に遊んでください。２つ以上のものを使うようにしてください。時間になったら笛で合図をするので、片付けをしましょう。

〈時間〉　10分

〈解答〉　省略

学習のポイント

20名程度のグループで行われました。自由遊びの課題では、初対面のお友だちといっしょにルールを守って積極的に遊べるかどうかがチェックポイントですが、最低限、「人に迷惑をかけない」ようにしましょう。入学後、集団生活に適応できるかどうかを把握しておきたい、という学校側の意図による出題ですから、そこだけは絶対に守ってください。なお、２つ以上のもので遊ぶよう指示されているのは、できるだけ１人で黙々と遊ばないように促す配慮です。

【おすすめ問題集】
新口頭試問・個別テスト問題集、Ｊｒ・ウォッチャー29「行動観察」

問題19　行動観察（グループ）

聞く　集中

〈準備〉　鉛筆

〈問題〉　**この問題の絵はありません。**
①これから「猛獣狩りに行こう～」という歌を歌います。動物の名前をいくつか言いますから、最後に言った動物の名前の音と同じ数のグループを作ってください。
②ピアノの速度に合わせて歩いてください。音が止まったらその場で止まってください。前に歩いているお友だちを追い抜いてはいけません。

〈時間〉　各５分

〈解答〉　省略

問題16　分野：推理（シーソー）

考え　観察

〈準備〉　鉛筆

〈問題〉　シーソーの左右が同じ重さになるためには、ミカンがいくつ必要ですか。四角の中にその数だけ○を書いてください。

〈時間〉　30秒

〈解答〉　○：3

学習のポイント

左にミカンが8個、右に5個あるので、8－5＝3の引き算をすればよいのですが、小学校受験では、数字を使った計算ができることを前提としていません。ですから、左右のミカンの絵を1つずつ消していき、残った数を考えます。ただし、この方法は慣れるまでの解き方だと考えてください。入試までには、頭の中だけで左右のミカンの個数の差を考えられるようになっておきましょう。

【おすすめ問題集】

Ｊｒ・ウォッチャー38「たし算・ひき算1」、39「たし算・ひき算2」

問題17　分野：制作（課題画）

集中

〈準備〉　鉛筆、道具箱（カラーサインペン、ハサミ、のりが入っている）、台紙

〈問題〉　上の段の図形に色を塗って切り取ってください。切り取ったものを台紙に貼った後、絵を書き足してロケットに仕上げてください。下の段の型紙は使っても使わなくても構いません。終わったら、片付けをしましょう。

〈時間〉　適宜

〈解答〉　省略

学習のポイント

課題画の問題です。まずは指示通りの作業ができることが重要です。道具を正しく使えているかどうかもチェックされていますが、年齢なりの扱いができればよいので、それほど気にすることはありません。ここで制作した絵については、この後に行われる口頭試問で質問されますので、どう考えて作ったのかを答えられるようにしておきましょう。「何の絵ですか」「どうしてその絵を描いたのですか」といった質問に答えられれば十分です。

【おすすめ問題集】

実践　ゆびさきトレーニング①②③

Ｊｒ・ウォッチャー22「想像画」、23「切る・貼る・塗る」、24「絵画」

学習のポイント

理科の問題です。知っていなければ解けない問題なので、しっかり学習しておくことが必要です。身近な動植物については、散歩の際などに観察し、後からどうだったのかを問いかけるようにしてください。そうでないものについては、動物園や植物園で実物を観るのが１番よいのですが、図鑑や映像資料で学習しても構いません。動物であれば生息地や食べ物、生息地などが、植物であれば季節や植生地などがよく問われますので、併せて学習してください。植物の葉や茎の形状については、どうしてその形になっているのか、ということも合わせて理解すると、それぞれの特徴を関連付けることができます。

【おすすめ問題集】

Ｊｒ・ウォッチャー27「理科」、55「理科②」

問題15　分野：図形（重ね図形）

集中　観察

〈準備〉　鉛筆

〈問題〉　それぞれの段の、左にある２つの図形を重ねるとできる図形に○をつけてください。

〈時間〉　各15秒

〈解答〉　下図参照

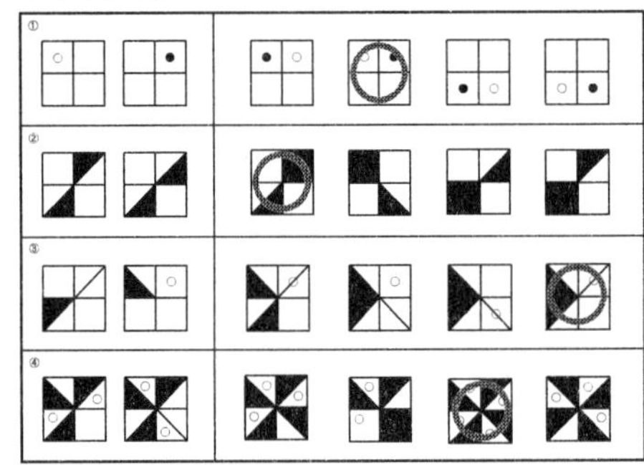

学習のポイント

重ね図形の問題です。最終的には、２つの図を頭の中で組み合わせることが求められるのですが、最初は難しいかもしれません。学習当初は、片方の図形に、もう１つの図形に書かれている色や形を記入してみてください。また、クリアファイルなどに片方の図形をペンで描き写し、もう片方の図形に重ねてみると、図形の色や形が重なるイメージをつかみやすいでしょう。重ねるイメージができるようになったら、２つの図形を重ねた絵を書いてみてください。また、クリアファイルを用いた方法を用いて答え合わせをすると、どの部分ができなかったのかを把握しやすくなります。

【おすすめ問題集】

Ｊｒ・ウォッチャー９「合成」、35「重ね図形」

問題13　分野：推理（迷路）

考え　観察

〈準備〉　鉛筆

〈問題〉　ペンギンさんが迷路を進んでいった時、右に曲がった数だけ○を書いてください。

〈時間〉　1分

〈解答〉　○：6

学習のポイント

迷路と、地図上の移動とを組み合わせた問題です。迷路そのものは難しくはありませんが、右に曲がった回数を数える時に注意が必要です。ここで問われているのは、迷路が描かれている紙の右ではなく、移動しているペンギンにとっての右です。ペンギンが逆を向いている時は左右は逆さまになります。この相対的な左右について理解するためには、最初は紙を回しながら理解してもよいのですが、左右どちらかに印を付けた小さな人形などを用意して迷路の上を歩かせてみるなどの工夫をしてみるとよいでしょう。また「時計はいつも右回り」ということを教えて、時計と同じ方向に曲がっているか、そうでないかを判断するようにしても、理解しやすいかもしれません。いくつかの方法を試し、お子さまがよく理解できた方法を使ってください。

【おすすめ問題集】
Ｊｒ・ウォッチャー７「迷路」、37「選んで数える」

問題14　分野：常識（理科）

知識

〈準備〉　鉛筆

〈問題〉　①左にある動物の絵と、右にあるしっぽの絵を見てください。同じ動物のものどうしを、線でつなぎましょう。
②上にある花の絵と、下にある茎と葉の絵を見てください。同じ植物のものどうしを、線でつなぎましょう。

〈時間〉　各15秒

〈解答〉　下図参照

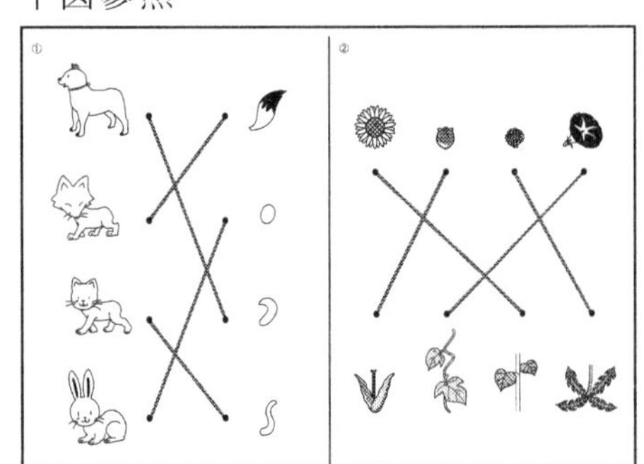

問題12　分野：記憶（お話の記憶）

聞く　集中

〈準備〉　鉛筆

〈問題〉　話を聞いて、後の質問に答えてください。

今日は動物たちの運動会です。はじめの競技はつなひきでした。キツネさんとクマさんが両側からつなを引っ張っています。ウサギさんとリスさん、タヌキさんが両手にポンポンをもって応援しています。なかなか勝負が決まりませんでしたが、クマさんが勝ちました。次は玉入れです。パーンと合図の音が鳴って、白い玉と赤い玉がどんどん投げ入れられています。リスさんの大活躍で、終わりの合図が鳴った時には赤い玉がいっぱい入っていましたが、白い玉は2個しか入っていませんでした。その次はかけっこです。キツネさん、クマさん、ウサギさん、タヌキさんが一斉に走り出しました。先頭を走っていたウサギさんは、途中で転んでしまい、みんなに抜かれてしまいました。それでもウサギさんは最後までがんばって走りました。最初にゴールしたのはクマさんで、次にタヌキさん、キツネさん、ウサギさんの順番でした。ウサギさんがゴールした時、クマさんがゴールした時と同じくらい大きな拍手が起こりました。

①競技に2回出たのは誰でしょう。○をつけてください。
②ポンポンをもって応援した動物に△をつけてください。
③かけっこでゴールした順に左から並びました。正しい順に並んでいる絵に、○をつけてください。
④運動会の競技の数だけ○を書いてください

〈時間〉　各15秒

〈解答〉　下図参照

学習のポイント

お話の記憶の問題です。長いお話ではありませんが、出来事が多いお話で、数量や順番など細かな表現についての質問があります。お話を聞く際に、細部まで気を配っているかどうかを、観点の1つとしていると考えられます。それぞれの出来事について、場面を想像するとともに、「誰が」「何をした」のかを把握するよう心がけて聞き取ってください。ふだんの読み聞かせの時に、お話の内容に関して質問をすることが効果的ですが、その際に、お話には出来事がいくつあったか、それぞれどんな出来事だったか、それぞれの場面の結果はどうだったのかの3点について聞くとよいでしょう。全体をとらえる力と細かい部分への配慮とが、バランスよく身に付きます。

【おすすめ問題集】
1話5分の読み聞かせお話集①②、　お話の記憶 初級編・中級編・上級編
Ｊｒ・ウォッチャー19「お話の記憶」

問題11 運動

聞く

〈準 備〉 縄跳び、ドッジボール（人数分）

〈問 題〉 この問題の絵はありません。

①終了の合図まで、前跳びをしてください。
②両手でボールを５回ついてください。その後、先生と向い合せで投げ受けを１回してください。

〈時 間〉 ①30秒　②１分程度

〈解 答〉 省略

学習のポイント

運動テストは、行動観察に続いて20人程度のグループで行われました。運動そのものは難しいものではありませんので、不安があれば練習をする、という程度の対策で大丈夫でしょう。むしろここでは、指示通りに行動できているかどうかが観られている、と考えてください。緊張しすぎて言われた通りのことができなかったり、逆によいところを見せようとして指示以外のことをしてしまったりすると減点されます。また、運動自体は失敗してしまっても、積極的な姿勢でいれば悪い評価はされないはずです。むしろそれを引きずらず、次の運動に気持ちを切り替えられるようにしてください。

【おすすめ問題集】
新運動テスト問題集、Ｊｒ・ウォッチャー28「運動」

家庭学習のコツ①　「先輩ママのアドバイス」を読みましょう！

本書冒頭の「先輩ママのアドバイス」には、実際に試験を経験された方の貴重なお話が掲載されています。対策学習への取り組み方だけでなく、試験場の雰囲気や会場での過ごし方、お子さまの健康管理、家庭学習の方法など、さまざまなことがらについてのアドバイスもあります。先輩ママの体験談、アドバイスに学び、ステップアップを図りましょう！

学習のポイント

箸の持ち方、使い方をチェックする問題です。箸を使って細かい作業をスムーズに行いたいなら、まず正しい箸の持ち方を身に付けましょう。お子さまが苦手というのなら、しつけ箸などの補助器具を用いるのもおすすめです。こうした生活巧緻性の課題は、何をおいても「練習」です。ただし、ほかの学習も進めている時期に、食事の時にも気が抜けない、となるとお子さまも疲れてしまいます。保護者の方といっしょに練習するなどの工夫をしてみましょう。例えば、おやつをお箸で食べてみるなどの試みを取り入れたりして、楽しく進めてください。学校側は、手先の器用なお子さまを選ぼうとしているわけではありません。観られているのは、保護者の躾や課題に臨む態度だと考えてください。なお同校では、ペーパーテスト中の鉛筆の使い方もチェックされています。

【おすすめ問題集】
実践 ゆびさきトレーニング①②、Ｊｒ・ウォッチャー25「生活巧緻性」

問題10　分野：行動観察（グループ）

聞く　集中

〈準　備〉　ドミノ

〈問　題〉　**この問題の絵はありません。**

①これから「猛獣狩りに行こう～」という歌を歌います。動物の名前をいくつか言いますから、最後に言った動物の名前の音と同じ数のグループを作ってください。
（例：トラ→２人、ライオン→４人）
②４人１組でドミノを並べてください。笛が鳴ったら片付けてください。

〈時　間〉　15分程度

〈解　答〉　省略

学習のポイント

行動観察は、20人程度のグループで行われます。①では、指示を理解してグループを作ることが重要です。この課題の観点は、指示を理解することと協調性だからです。もし指示がよく理解できていないのなら、言葉の音についての知識がないのかもしれません。「ウ・サ・ギ」のように手を叩いて発音しながら理解させましょう。なお、小さい「ャ」「ュ」「ョ」は前の音と合わせた１音（例：「キュ・ウ・リ」）、小さい「ッ」はそれだけで１音（例：「ラ・ッ・コ」）になりますので、注意してください。②では、お友だちと「協力して」細かい作業を行えるかどうかがポイントです。消極的でもいけませんし、自分ばかりが行動してもいけません。ふだんお子さまがお友だちと遊んでいる様子を観察して、気になる点があれば注意しましょう。

【おすすめ問題集】
新口頭試問・個別テスト問題集、Ｊｒ・ウォッチャー29「行動観察」

問題8　口頭試問

話す　公衆

〈準備〉　特になし

〈問題〉　**この問題の絵はありません。**

①名前、幼稚園の名前、組の名前、誕生日、生年月日を教えてください。
②お友だちの名前を、３人答えてください。
③何人家族ですか。家族の名前も教えてください。
④休みの日には何をして遊んでいますか。
⑤お手伝いは何をしていますか。
⑥何をしたら怒られますか。
⑦お母さんが何をしてくれたら、うれしいですか。
⑧バスや電車の中で、注意することは何ですか。
⑨（みんなで遊んでいる中、一人ぼっちの子がいる絵を見せる）こんな時、何と声をかけますか。
⑩さっき描いた絵について、何を描いたのかを説明してください。

〈時間〉　10分程度

〈解答〉　省略

学習のポイント

教室で折り紙をしながら待機し、２人ずつ別室に呼ばれて行われました。上記の質問以外には、住所と電話番号や、好きな食べものを教えてください、好きなテレビ番組を２つ教えてください、などの質問をされたお子さまもいたそうです。生年月日、住所、電話番号については、答えられないことを見越して、どう対応するのかを観たい、という意図の質問かもしれません。答えられなかったお子さまも多かったそうです。また、当校に限った話ではありませんが、制作課題の後、何を作ったのか、どう考えて作ったのかなどを発表させる学校が増えています。これは、近年の学校教育で、集団で話し合って学習する機会が増えているからでしょう。お子さま自身の考えを伝え、周囲もそれに耳を傾ける機会を設けることが、何よりも効果的な対策になります。

【おすすめ問題集】
面接テスト問題集、新口頭試問・個別テスト問題集

問題9　巧緻性（生活巧緻性）

集中

〈準備〉　箸、マメ（ダイズ）、消しゴム、サイコロ、
皿（２枚、片方にはあらかじめマメ、消しゴム、サイコロを載せておく）

〈問題〉　箸を使って、マメ、消しゴム、サイコロをお皿からお皿へ移してください。

〈時間〉　１分程度

〈解答〉　省略

動物の生態についての問題です。小学校受験では、虫や動物の生息場所について、よく聞かれます。知っていなければ答えられない問題なので、しっかり覚えられるようにしてください。入試対策として身構えて学習するのではなく、さまざまな動物を見比べながら、日常会話の中で楽しみながら学習することが望ましいです。動物園や植物園などに行って、実際に動物を見るのが１番効果的ですが、図鑑や動画などの資料を見て教えても結構です。お子さまの疑問に対して、すぐに答えてあげられる準備をしておいてください。なお、図鑑などでは、動物はカラーの挿絵や写真で掲載されていますが、テストでは白黒で出題されます。それぞれの特徴がわかりにくくなるので、注意してください。

【おすすめ問題集】

Ｊｒ・ウォッチャー27「理科」、55「理科②」

問題7　分野：制作（課題画）　集中

〈準備〉　鉛筆、カラーサインペン、ハサミ、のり

〈問題〉　（問題７の絵を渡して）
夏の思い出の絵をつくります。この絵の中から３つ選んで、１つには色を塗り、１つには模様を描いてください。その後、切り抜いて台紙に貼ってください。描き足して、１枚の絵にしましょう。終わったら、片付けをしましょう。

〈時間〉　15分程度

〈解答〉　省略

学習のポイント

課題画の問題です。この課題では、絵が上手かどうかということよりも、与えられた課題にしっかりと取り組めているかどうかが観られています。この問題でいう「しっかり取り組む」とは、正しい個数の絵を選んだり、それぞれ１つずつ色や模様を描けていたりという、指示がしっかり聞けていることを指します。また、ここで制作した絵については、この後に行われる口頭試問で質問されますので、どう考えて作ったのかを答えられるようにしておきましょう。ご家庭での学習では、お子さまが制作した絵画を家族の集まる場所に貼っておき、お子さまに「テーマは何かな？」「どんな気持ちだったのかな？」というように問いかけることを繰り返していけば、お子さまは自然と制作意図を説明できるようになります。この問題では、学校はお子さまの発想そのままを観たいと考えています。お子さまが萎縮してしまっては本末転倒になりますから、お子さまの説明に対して、否定的なことを言わないようにしましょう。

【おすすめ問題集】

実践 ゆびさきトレーニング①②③

Ｊｒ・ウォッチャー22「想像画」、23「切る・貼る・塗る」、24「絵画」

問題5　分野：図形（回転図形）

考え　観察

〈準備〉　鉛筆

〈問題〉　見本が右に１回、回転するとどうなりますか。

〈時間〉　各15秒

〈解答〉　下図参照

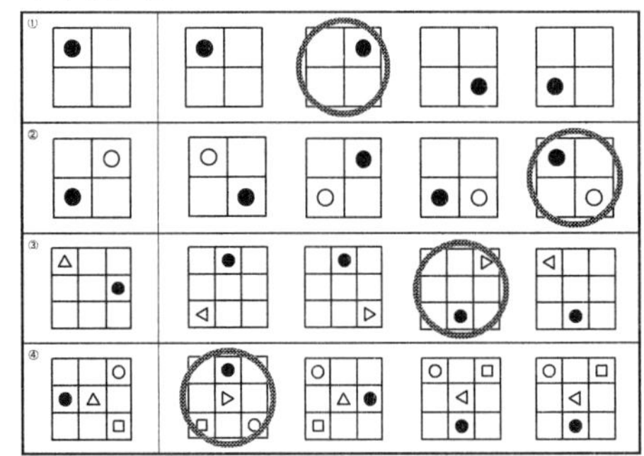

学習のポイント

回転図形の問題です。回転図形では、回転の中心となる基準点を探し、図形に書かれた記号がどのように移動するのかをイメージして解答します。とはいえ、はじめから頭の中だけで解答するのは難しいので、次のような手順で学習を進めてください。まず白い紙に回転させる図形を書き写し、実際に回転させてみて、形がどう移動するのかを観察します。回転による変化がわかったら、回転後の図形を予測して、紙に描いてみましょう。実際に手を動かすことで、着眼点がより具体的に理解できるはずです。答え合わせは、問題をクリアファイルにペンで描き写し、選んだ選択肢に重ねて行います。間違えた場合にも、どこで間違えたのかが一目でわかりますので、お子さまの理解も深まります。

【おすすめ問題集】
　　Ｊｒ・ウォッチャー５「回転・展開」、46「回転図形」

問題6　分野：知識（常識）

知識

〈準備〉　鉛筆

〈問題〉　動物たちのお話を聞いて、正しいことを言っている動物に○をつけてください。
ゾウ：私の長い鼻は、遠くにいる子どもを呼ぶためにあるんだよ。
キリン：ぼくは木の上にいる虫を食べているよ。そのために首が長くなったんだ。
ニワトリ：ぼくは鳥だけど飛べないんだ。同じように飛べない鳥には、ペンギンさんもいるよ。
カバ：私は水の中に入って、魚を食べることが多いわ。

〈時間〉　各30秒

〈解答〉　○：ニワトリ

言葉の終わりの音（尾音）と始まりの音（頭音）とを組み合わせてできる言葉を選択肢の中から探す問題です。文字を使って言葉を把握する大人とは違い、幼児は発音しながら言葉を覚えます。新しい単語を覚える際には、必ずいっしょに発音するようにしましょう。日常的な言葉遊びの習慣をつけると、お子さまも楽しく語彙を増やすことができます。同じ音で始まる言葉をできるだけ多く探す「頭音集め」は、本問のような問題の対策にはうってつけです。慣れてきたら、「ハサミの“は”」「机の“つ”」「シカの“し”」「バイオリンの“ば”」で「はつしば」、というように、頭音を並べて言葉を作る「頭音つなぎ」なども試してみましょう。こういった遊びは、机に向かっての勉強としてではなく、日常会話の延長として行ってください。

【おすすめ問題集】
Ｊｒ・ウォッチャー60「言葉の音（おん）」

問題4　分野：図形（同図形探し）

観察　集中

〈準備〉　鉛筆

〈問題〉　見本と同じ並び方をしているものを見つけて、○で囲んでください。

〈時間〉　30秒

〈解答〉　下図参照

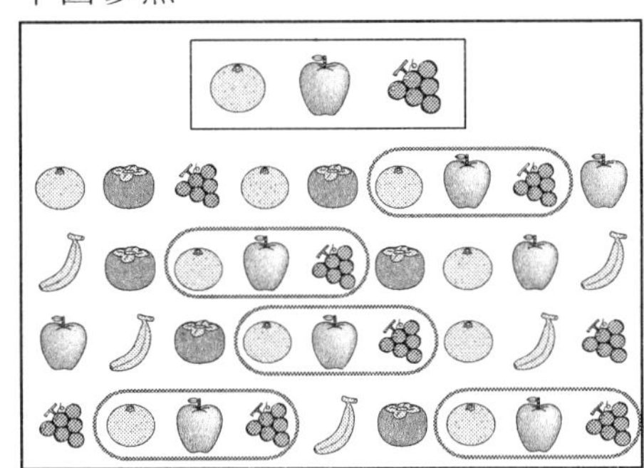

学習のポイント

同じくだものの並び方を探す、同図形探しの問題です。お手本にある３つのくだものを、１つのまとまった形として捉え、それぞれのくだものを、図形のパーツとして考えます。同図形探しの解き方は、まず１つの部分に注目して当てはまるものを探し、その中から、別の部分に注目して探し……という繰り返しです。本問の場合、まずミカンに注目し、その右にリンゴが並んでいるかどうかを見ます。並んでいたら、さらにその右にブドウが並んでいるかどうかを見ます。その通りに並んでいたら、３つのくだものを○で囲みます。なんとなく目で追っているだけで見つけることは難しいので、お子さまが解いている様子を観察して、必要ならアドバイスしてあげてください。

【おすすめ問題集】
Ｊｒ・ウォッチャー６「系列」、31「推理思考」

問題2 分野：推理（ブラックボックス） 考え

〈準 備〉 鉛筆

〈問 題〉 上の図を見てください。２種類の箱があります。それぞれの箱に左から○を入れると、右のようになって出てきます。では、下を見てください。最後には、数はいくつになるでしょう。その数だけ、右側の四角に○を書いてください。

〈時 間〉 各20秒

〈解 答〉 ①○：４ ②○：５ ③○：６

学習のポイント

まず、条件（左から「１つ増える」「２つ減る」「数が変わらない」）をしっかり把握してから考えましょう。②では結果から考えないと答えがわかりません。箱から～個の○が出てくるようにするためには○を何個入れたらよいのかを、１段階ずつ考えていきましょう。いずれも単純なたし算・ひき算をすればよいのですが、問題のイラストが複雑なので戸惑ってしまうかもしれません。慌てないように問題に数多くあたり、さまざまな出題形式に触れておくことも重要です。なお、小学校受験の「ブラックボックス」の問題では、「○倍」「○分の１」という考え方はほとんどしません。「２→４」という変化であれば「２つ増える」、「６→３」という変化であれば「３つ減る」と考えるのが一般的です。

【おすすめ問題集】
Ｊｒ・ウォッチャー32「ブラックボックス」

問題3 分野：言語（言葉の音） 語彙 集中

〈準 備〉 鉛筆

〈問 題〉 左の絵の物の名前の最後の音と、右の絵の物の名前の最初の音をつなげると、真ん中のどの絵の名前になりますか。

〈時 間〉 各15秒

〈解 答〉 下図参照

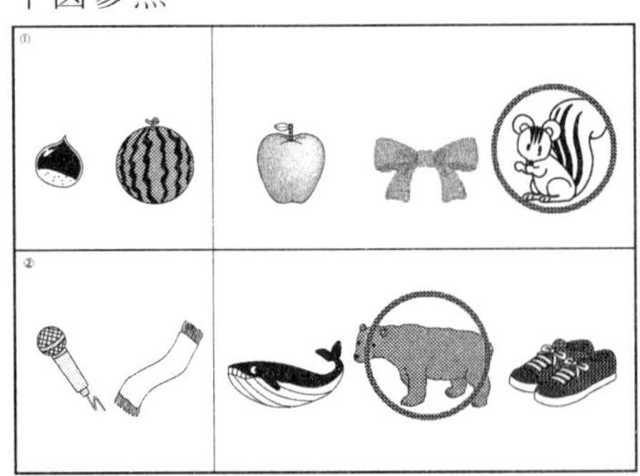

〈はつしば学園小学校〉

※問題を始める前に、本文1頁の「本書ご使用方法」「本書ご使用にあたっての注意点」をご覧ください。
※本校の考査は、鉛筆を使用します。間違えた場合は斜めの二重線（//）で訂正し、正しい答えを書くよう指導してください。

問題1　記憶（お話の記憶）

〈準備〉　鉛筆

〈問題〉　話を聞いて、後の質問に答えてください。

今日は日曜日です。たけしくんは、お父さんとお母さん、それに妹のななさんといっしょに、バスでデパートにお買いものに行きました。最初に4階でお父さんの手袋を買いました。次に、5階でななさんの洋服を買いに行こうとしたのですが、屋上でヒーローのショーが始まるというアナウンスがあったので、先にそちらに行くことにしました。大好きなヒーローと写真を撮ってもらい、気が付いてみると、ななさんがいません。お父さんとたけしくんが探しに行くと、ななさんは5階のピンク色のマフラーの前に立っていました。たけしくんが「なな」と声をかけると、ななさんはたけしくんのところに走ってきました。お父さんがお母さんに電話をかけると、お母さんは2階で自分の靴を見たい、と言ったので、お父さんとたけしくんとななさんは、その間レストランで休憩することにしました。お父さんはコーヒー、たけしくんはケーキ、ななさんはプリンを注文しました。その後、靴を買ったお母さんと洋服売り場で待ち合わせて、ななさんのマフラーを買いに行って帰りました。帰る途中、ななさんはお父さんとお母さんに「ごめんなさい。どうしてもマフラーを見たかったの」と謝りました。

①1段目を見てください。デパートで最初に買ったのは何ですか。○をつけてください。
②レストランに行ったのは何人ですか。その数だけ真ん中の段に○を書いてください。
③1番下の段を見てください。ななさんが買ってもらったものに○をつけてください。
④③と同じ段を見てください。お母さんが買ったものに△をつけてください。

〈時間〉　各15秒

〈解答〉　①右端　②○：3　③○：上段右端　④△：上段右から2番目

学習のポイント

当校で毎年出題される、お話の記憶の問題です。録音テープを聞いて答える形式で出題されます。長い話ではありませんので、集中が途切れることはないでしょう。ただし、登場人物がその場にいない、という場面が出てきますので、注意してください。混乱しないようにするには、それぞれの場面で、誰が何をしたのかをイメージしておくことが必要です。毎日の読み聞かせを利用するとよいでしょう。お話の途中でもよいので、「～したのは誰」などと聞いてみてください。お子さまが情報を整理できているか、場面をイメージできていたかがわかります。

【おすすめ問題集】
1話5分の読み聞かせお話集①②、お話の記憶 初級編・中級編・上級編

はつしば学園小学校

合格問題集

〈はじめに〉

現在、少子化が叫ばれているにもかかわらず、私立・国立小学校の入学試験には一定の応募者があります。入試は、ただやみくもに学習するだけでは成果を得ることはできません。志望校の過去における出題傾向を研究・把握した上で、練習を進めていくこと、その上で試験までに志願者の不得意分野を克服していくことが必須条件です。そこで、本問題集は、当校を受験される方々に、志望校の出題傾向をより詳しく知って頂くために、出題される頻度の高い分野の問題を結集いたしました。幅広いデータから作成しれた問題集で実力をお付けください。

また、志望校の選択には弊社発行の**「近畿圏・愛知県　国立・私立小学校進学のてびき」**をぜひ参考になさってください。

〈本書ご使用方法〉

◆テスターは出題前に一度問題を通読し、出題内容などを把握した上で、**〈 準 備 〉**の欄に表記してあるものを用意してから始めてください。

◆お子さまに絵の頁を渡し、テスターが問題文を読む形式で出題してください。問題を読んだ後で、絵の頁を渡す問題もありますのでご注意ください。

◆**「分野」**は、問題の分野を表しています。弊社の問題集の分野に対応していますので、復習の際の目安にお役立てください。

◆問題番号右端のアイコンは、各問題に必要な力を表しています。詳しくは、アドバイス頁（ピンク色の紙１枚目下部）をご覧ください。

◆一部の描画や制作、常識等の問題については、解答が省略されているものがあります。お子さまの答えが成り立つか、テスターが各自でご判断ください。

◆**〈 時 間 〉**につきましては、目安とお考えください。

◆**学習のポイント**は、指導の際にご参考にしてください。

◆**【おすすめ問題集】**は各問題の基礎力養成や実力アップにお役立てください。

〈本書ご使用にあたっての注意点〉

◆文中に**この問題の絵は縦に使用してください。**と記載してある問題の絵は縦にしてお使いください。

◆**〈 準 備 〉**の欄で、クレヨンと表記してある場合は12色程度のものを、画用紙と表記してある場合は白い画用紙をご用意ください。

◆文中に**この問題の絵はありません。**と記載してある問題には絵の頁がありませんので、ご注意ください。なお、問題の絵の右上にある番号が連番でなくても、中央下の頁番号が連番の場合は落丁ではありません。

下記一覧表の●が付いている問題は絵がありません。

問題１	問題２	問題３	問題４	問題５	問題６	問題７	問題８	問題９	問題10
							●		●
問題11	問題12	問題13	問題14	問題15	問題16	問題17	問題18	問題19	問題20
●							●	●	
問題21	問題22	問題23	問題24	問題25	問題26	問題27	問題28	問題29	問題30
						●			
問題31	問題32	問題33	問題34	問題35	問題36	問題37	問題38	問題39	問題40
				●					●

(得) 先輩ママたちの声！

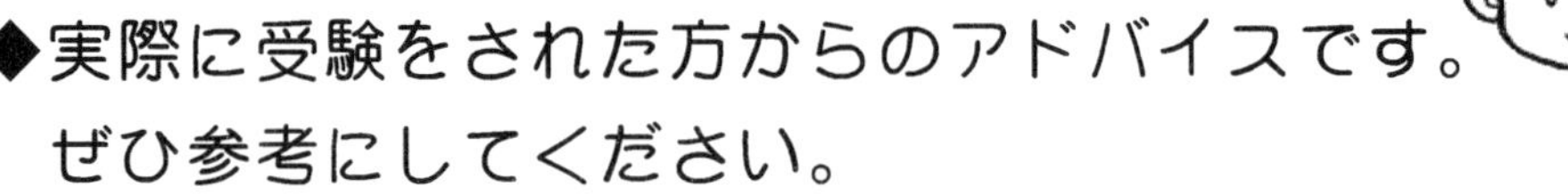

◆実際に受験をされた方からのアドバイスです。
ぜひ参考にしてください。

はつしば学園小学校

・難関私立中学校への高い実績が魅力です。

・ふだんの授業では「進学対策ゼミ」をしています。また、放課後は４年生から週２回の放課後ロング学数があり、中学受験に向けての学習活動が充実しています。

・自然と一体となって学ぶことのできる体験学習が充実しており、子どもの好奇心を充たす取り組みが数多くなされています。

・１年生から、ネイティブ講師による英語の授業が行われていることや、外国人留学生との交流で英語力を試す機会が設けられていることが魅力です。

・躾が行き届いており、近隣住民からの評判も高いようです。

・これからの時代に子どもに身に付けてほしい力を、しっかり付けてもらえそうです。

・イベントが数多くあり、子どもが楽しそうに取り組んでいます。

・タブレット授業や習得度別授業、課外授業や放課後クラブ活動などがあり、学力をしっかりつけてくれるだけでなく、働く母親にとっても安心です。

「はつしば学園小学校」について

〈合格のためのアドバイス〉

本校は「“きく”から始まるはつ小」として、子どもどうしや、子どもと教師との対話を重視し、相互信頼を基盤とした学校づくりに取り組んでいます。ペーパーテストでも「聞く力」は重視されており、お話の記憶や言語の分野に限らず他分野でも、設問をしっかり聞き、理解しなければ正解できないような問題が出されています。また行動観察や運動テストにおいても、指示通りの行動をとることが求められます。

また同校では、英語教育やICT教育に先進的に取り組む一方、「あたり前のことをあたり前にできる」ことを目指す、しつけ教育にも力を入れています。口頭試問で、身近な風景のイラストを見せ、道徳やマナーについて問われたこともあります。

また、小学校受験のレベルとしては標準的な難しさですが、その分、取りこぼしをしないよう留意が必要です。基本的な事項については、しっかり内容を理解することが重要です。その上で、1つひとつの処理を的確に行えるよう、練習してください。

事前に親子面接が行われます。基本となるのは、良好な親子関係が保たれていることと、ご家庭教育の方針を両親で共有していることです。ここには、同校で力を入れている進学指導をご家庭でフォローできるか、という意味合いも含むと思われます。

〈その他学校情報〉

英語教育：1年生から、年間120時数の英語授業を行う。1クラス15人程度の少人数学級で、ネイティブ教員によりすべて英語で行われる英語プログラム「GrapeSEED」を導入。

宿泊学習：親元を離れ友だちどうしで過ごすことで、自主・自律の精神を育むことを目的に、すべての学年で宿泊学習を行う。

アフタースクール：平日・長期休業期間中を含め、最長18:30まで実施する預かり保育がある。また体操クラブ、そろばん、ロボット・プログラミングなど7つの教室がある。

進路指導：中学受験対策として、先取り学習、放課後ロング学習、中学進学対策ゼミなどを行っている。

家庭学習ガイド
はつしば学園小学校

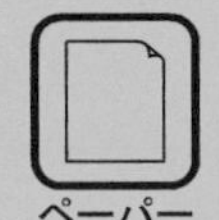

入試情報

出題形態：ペーパー・ノンペーパー
面　　接：保護者・志願者
出題領域：ペーパー（記憶・図形・常識・数量など）、制作、口頭試問
行動観察（運動を含む）

入試対策

ペーパーテストは、記憶、言語、図形、常識、数量など幅広い分野から出題されています。記憶力・理解力・思考力はもちろん、スピードや正確さ、一度に多くの指示を聞き取る注意力が必要です。「想像画」の制作は、紙に描かれた絵に色を塗って切り抜いた部品を台紙に貼り、テーマに沿って描き足して完成される課題です。口頭試問で、完成した絵について質問されることもありますので、巧緻性の練習とともに、制作意図を口頭で発表する練習もしておきましょう。

●口頭試問では、名前や幼稚園名のほか、生年月日や電話番号が聞かれることもあります。
●生活巧緻性の問題として、箸使いの課題が出題されます。
●補数（たし算すると10になる数）について出題されることがあります。計算ができるようになる必要はありませんが、基本的な考え方については理解しておく必要があります。

必要とされる力　ベスト6

チャートで早わかり！

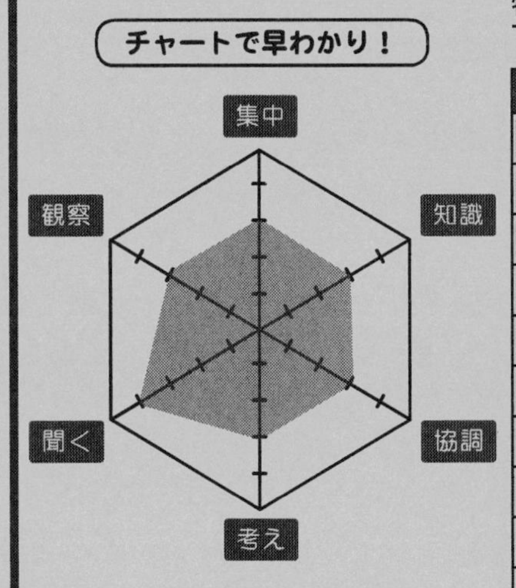

特に求められた力を集計し、左図にまとめました。
下図は各アイコンの説明です。

	アイコンの説明
集中	集　中　力…他のことに惑わされず１つのことに注意を向けて取り組む力
観察	観　察　力…２つのものの違いや詳細な部分に気付く力
聞く	聞　く　力…複雑な指示や長いお話を理解する力
考え	考える力…「～だから～だ」という思考ができる力
話す	話　す　力…自分の意志を伝え、人の意図を理解する力
語彙	語　彙　力…年齢相応の言葉を知っている力
創造	創　造　力…表現する力
公衆	公衆道徳…公衆場面におけるマナー、生活知識
知識	知　　識…動植物、季節、一般常識の知識
協調	協　調　性…集団行動の中で、積極的かつ他人を思いやって行動する力

※各「力」の詳しい学習方法などは、ホームページに掲載してありますのでご覧ください。http://www.nichigaku.jp

こんなこと…ありませんか？

「ニチガクの問題集…買ったはいいけど、、、
この問題の教え方がわからない（汗）」

メールでお悩み解決します！

☆ ホームページ内の専用フォームで必要事項を入力！
☆ 教え方に困っているニチガクの問題を教えてください！
☆ 確認終了後、具体的な指導方法をメールでご返信！
☆ 全国どこでも！スマホでも！ぜひご活用ください！

<質問回答例>

推理分野の学習では、後の学習に活きる思考力を養うことができます。ご家庭で指導する場合にも、テクニックにたよらず、保護者の方が先に基本的な考え方を理解した上で、お子さまによく考えさせることを大切にして指導してください。

Q.「お子さまによく考えさせることを大切にして指導してください」と学習のポイントにありますが、考える習慣をつけさせるためには、具体的にどのようにしたらいいですか？

A. お子さまが考える時間を持てるように、質問の仕方と、タイミングに工夫をしてみてください。
たとえば、「答えはあっているけど、どうやってその答えを見つけたの」「答えは○○なんだけど、どうしてだと思う？」という感じです。はじめのうちは、「必ず30秒考えてから手を動かす」などのルールを決める方法もおすすめです。

まずは、ホームページへアクセスしてください!!

http://www.nichigaku.jp　日本学習図書　検索

校長先生からのメッセージ

はつしば学園小学校をめざす皆様へ

「きく」からはじまる　はつ小の学び

本校は、開校以来【個性を大切に】をモットーに、“一人ひとりの今”をしっかりと見守り、６年間で大きく花開かせるための教育活動に取り組んでいます。子どもと子ども、子どもと教師の信頼関係を基盤とした学級・学校づくりを目指す中で、「きく」ことを大切にした学びを展開しています。学習活動では「主体的、対話的で深い学び」を具現化することを目的に、「グループ・ペア学習」による授業に取り組んでいます。「課題」に向き合う子どもが主役であり、子ども同士の対話が中心である授業。すべての子どもが学びに参加し、仲間の「わからなさ」に寄り添って共に考えることがでできる授業。その結果、安心して学びに向かうことができる学級であることで、高い学力を身につけることができると確信しています。

すべては、未来に活躍する子どもたちのために

《未来を見据えた教育活動》に積極的に取り組んでいます。「英語教育」では、西日本の小学校で初めてGrapeSEEDのカリキュラムを採用し、1年生からネイティブによるオールイングリッシュの授業を行います。さらにその英語力を活かす場として留学生を招いて交流活動を展開する「国際教育」。教科における論理的思考力の育成を重視した「プログラミング的思考」、そして、科学する心を育てる「はつしばサイエンス」や【いつでも　どこでも　だれでも】をモットーにした「ＩＣＴ機器活用教育」などを推進しています。

中学校進学においては、一人ひとりの夢を叶えるため、内部中学校への進学はもちろん、内部中学校への進学権利を有しつつ、外部難関中学校への進学が可能にできるなど、幅広い進路選択ができる学校です。

本書を大いに活用されて、はつしば学園小学校でともに成長できることを心より願っています。

はつしば学園小学校 校長

加藤 武志